개정판

놀이와 영유아교육

고태순 · 이미경 · 김종석

Play and Early Childhood Education

태영출판사

머리말

아이들은 놀면서 자란다. 과거에 아이들의 놀이는 아이들만의 장난쯤으로 여겨졌지만 오늘날 놀이는 아이들이 세상을 알아나가는 통로며 아이들 뿐만 아니라 어른들에게도 의미 있는 활동이 되었다. 놀이의 세계에서 우리는 현실과는 다른 공간과 시간 속에 있으며, 놀이하는 세계는 우리에게 상상력과 창의력과 즐거움을 선사하고 몰입의 즐거움을 맛보게 한다. 어린 시절 부모님이 찾는 것도 모른 채 놀이에 흠뻑 빠져 있었던 경험을 상기해 보라!

최근 기업체들은 기존의 관료적 환경에서 벗어나 놀이할 수 있는 환경을 조성함으로써 직원들의 창의력을 불러일으키려고 노력하고 있다. 어른들의 놀이에 대한 패러다임은 변화하고 있는데 오히려 아이들의 삶에서 놀이가 차지하는 비중은 점점 줄어들고 있다. 오늘의 우리 아이들은 놀이보다는 학습에 치중하고 있는 모습이다. 무한 경쟁 사회에 진입하면서 학습이 필요하기는 하지만 그것이 어린 시절의 놀이 경험을 앗아갈 정도가 되어서는 안 된다. 왜냐하면 아이들의 놀이는 곧 학습이기 때문이다. 문자와 숫자만 학습이 아니다. 사회적 인간관계를 적절하게 맺는 것, 자신감을 갖고 긍정적인 자아개념을 형성하는 것, 활동에 몰두하는 것, 세상을 알아나가는 것이 모두 학습이다. 이런 형태의 학습은 책을 통해서 획득되는 것이 아니라 놀이를 통해 획득된다.

영유아교육 현장에서는 놀이가 영유아들의 발달에 어떤 영향을 미치는 지를 인식하고 교육에 있어 놀이를 유용한 매개체로 사용하여 왔다. 영유아들을 가르칠 때 제 1의 교수원리는 놀이중심의 원리이다. 저자 또한 놀이, 특히 다양한 놀이 교수 방법에 관심을 가지고 예비 유아교사들을 지도해 왔다. 놀이가 영유아들의 삶에 미치는 영향의 중요성을 예비교사들이 인식하고 이를 어떻게 교육적 환경에 적용할 것인가를 탐색해 보도록 하는 것이 저자의 교육목표였지만 항상 목표했던 만큼 성과가 있는지는 의문이었다. 놀이를 교육적 환경에서 활용하기 위해서는 교사 자체가 놀이를 즐겨야 하고 그러기 위해서는 수업 자체가 즐거워야 할 필요가 있었지만 학생들이 즐기지는 못했던 것 같다. 매 학기 수업 방안에 대해 고민을 하면서 교재를 바꾸어 보면 학생들의 관심을 좀 더 향상시킬 수 있지 않을까 싶어 고육지책으로 책을 집필하게 되었다.

이 책은 총 2부로 구성되어 있는데 1부에서는 놀이와 관련한 제반 이론을 다루었고 2부에서는 놀이 실제를 다루었다. 우리나라에서도 놀이에 대한 연구가 많이 행해졌기 때문에, 이론 부분에서는 우리나라의 놀이관련 논문들을 검토하여 보강하였고 2부는 놀이 실제를 다루면서 놀이를 영역별로 구분하여 제시하였다. 놀이를 영역에 따라 나누어 제시하는 것이 바람직한가에 대해서는 의문도 있지만, 영유아 교육기관에서는 교실 환경이 놀이 영역으로 구분되어 있어 예비교사들의 이해를 돕기에는 적절할 것이라 생각하여 놀이 영역에 따라 예를 들어 제시하였다.

처음 본 교재를 계획했을 때는 여러 가지 기대가 많았지만 정리해 놓고 보니 계획한 만큼의 성과를 거두지는 못했다. 앞으로 계속 보완해 가며 완성도를 높여 나갈 것을 약속드린다. 본 저자의 노력이 예비 유아교사들에게 도움이 되기를 바라며, 본 교재가 풍성해질 수 있도록 자료를 제공해 주신 늘푸른 어린이집의 이미경 원장님과 그림자료의 주인공인 어린이들, 그리고 신한대학교 영유아보육학과 학생들에게 감사의 마음을 전한다. 마지막으로 본서가 출판될 수 있도록 관심과 격려를 아끼지 않으신 태영출판사 김현태 사장님과 오세복 편집장님 및 임직원분들께 진심으로 감사의 마음을 전한다.

2017년 1월

저자 씀

차 례

제1부 놀이이론

제 1 부

놀이이론

Chapter 01

놀이에 대한 이해

1. 놀이의 특성
2. 놀이이론
3. 놀이의 의의
4. 놀이와 치료
5. 놀이와 놀이성

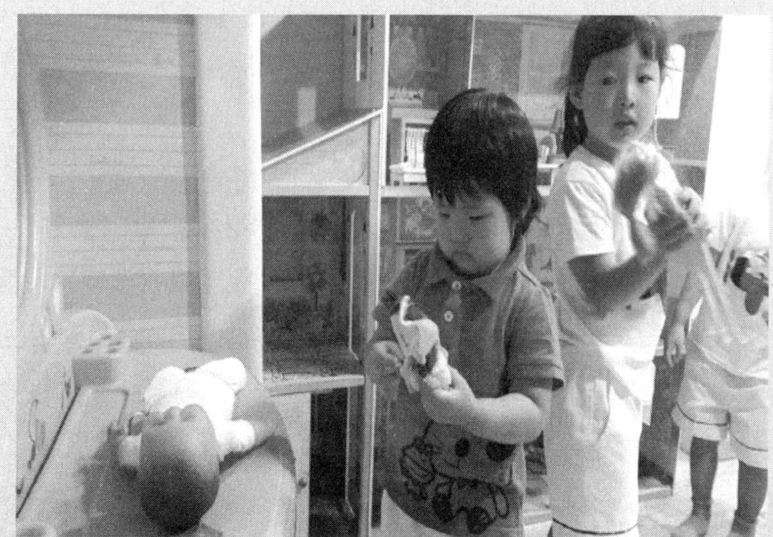

우리의 시대보다 더 행복했던 시대에 인류는 자기 자신을 가리켜 감히 "호모 사피엔스(Homo Sapiens : 합리적인 생각을 하는 사람)"라고 불렀다. 하지만 세월이 흐르면서 우리 인류는 합리주의와 순수 낙관론을 숭상했던 18세기 사람들의 주장과는 다르게 그리 합리적인 존재가 아니라는 게 밝혀졌고, 그리하여 현대인들은 인류를 "호모 파베르(Homo Faber : 물건을 만들어 내는 인간)"라고 부르기 시작했다. 비록 인류를 지칭하는 용어로서 faber(물건을 만들어 내는)라는 말이 sapiens(생각하는)라는 말보다 한결 명확하지만, 많은 동물들도 물건을 만들어 낸다는 점을 감안할 때 이 말 역시 부적절하기는 마찬가지이다. 인간과 동물에게 동시에 적용되면서 생각하기와 만들어 내기처럼 중요한 제 3의 기능이 있으니, 곧 놀이하기이다. 그리하여 나는 호모 파베르 바로 옆에, 그리고 호모 사피엔스와 같은 수준으로 호모 루덴스(Homo Ludens : 놀이하는 인간)를 인류 지칭 용어의 리스트에 등재시키고자 한다(이종인 역, 호모 루덴스, 2014).

1. 놀이의 특성

위키백과에 따르면 놀이는 인간이 즐거움을 얻기 위해 하는 활동이다. 물질적 보상 또는 대가를 바라지 않고 하는 행위이며 외부의 강제에 의한 행위도 아니라는 점에서 노동이나 일과 구분된다.

일과 놀이를 비교했을 때 놀이는 자발적으로 표출되는 행동이라는 점이 일과 다른 특징이다. 어떤 이유로든 다른 이들에 의해 강제적으로 행해지는 것이 아니라 자발적으로 시작하는 것이다. 일은 다른 사람에 의해 주도되는 수동적 활동인데 반해 놀이는 유아 주도적이며 능동적이라는 속성을 갖는다. 놀이는 어떤 대가나 보상을 목적으로 하는 일과는 달리 외적인 보상을 요구하지 않는 것이 특징이다. 즉 놀이는 놀이 그 자체가 목적이 된다. 유아가 놀이를 하는 것은 성인의 칭찬을 얻기 위해서가 아니라 놀이를 함으로써 즐거워지는 것, 그 자체만으로 유아에게 충분하다. 특히 놀이는 즐겁다는 점과 현실 생활에만 국한되지 않고 공상이나 상상을 통해 현실을 초월한다는 점에서 일과 매우 다른 활동이다.

일과 놀이가 매우 다른 특성을 갖고 있기는 하지만 일과 놀이는 연속선상에 있다. 놀이는 일의 속성을 가질 수도 있다. 놀이가 자발적인 속성을 갖고 있기는 하지만 일도 자발적으로 일어날 수 있다. 그러나 일은 외부의 강요에 의해 진행될 수 있지만 놀이는 그렇지 않다(Frost & Klein, 1979).

표 1-1 **놀이-일 연속체(Frost & klein, 1979, p. 21, 이숙재, 2005, 재인용)**

놀이(일의 특성일 수도 있음)		**일**(놀이의 특징이 아님)
능동적	↔	수동적
자발적	↔	강요적
재미 있음	↔	단조롭고 고됨
목표 없음	↔	외적 목표에 구속
스스로 시작함	↔	타인에 의해 착수됨
진지함	↔	무사 안일함

한편으로 놀이는 탐색(exploration)활동과 구분하여 정의되기도 하는데 놀이와 탐색은 내적으로 동기화된 활동이라는 면에서는 비슷한 측면이 있다. 놀이나 탐색이 어떤 외적 목표를 성취하기 위한 것이 아니라 내적으로 동기화된 행동이라는 공통점을 갖고 있으며, 동물이나 인간의 초기 단계에서는 탐색과 놀이가 분명하게 구별되지 않으므로 '탐색적 놀이'라는 용어를 사용해야 한다고 주장하기도 한다(지혜련, 1992).

(a) (b)

[그림 1] 사물을 탐색하고 있는 영아. 놀이활동일까? 탐색활동일까?

탐색활동은 특정 탐색(specific exploration)과 다각적 탐색(diversive exploration)으로 세분화된다. 전자는 비교적 새로운 자극물을 접할 때 그 자극물을 만져 보고 조작하여 시험해 보는 반응을 의미하고, 후자는 자극물의 특징을 파악한 후에 좀 더 내적으로 동기화되고 오랜 시간 동안 지속되는 탐색을 의미한다. 따라서 특정 탐색이 다각적 탐색보다 놀이에 더 가깝다고 주장하기도 한다(이숙재, 2005).

하지만 놀이와 탐색은 다음과 같은 측면에서 다르다고 할 수 있다. 놀이는 유기체 중심(organism-dominated)의 활동으로서 어떤 물체에 관한 정보를 얻는데 관심이 있기보다는 그 물체를 가지고 활동하는 사람의 욕구와 소망에 의해 활동이 이루어진다. 반면 탐색은 자극 중심(stimulus-dominated)의 활동으로서 어떤 물체에 관한 정보를 얻는데 관심을 둔다. 따라서 그 물체의 특징에 의해 통제되는 활동이다. 즉 놀이는 '이 물체를 가지고 내가 무엇을 할 수 있는가?'에 관심이 있고, 탐색은 '이 물체는 무엇을 위한 것인가?'에 관심이 있다(신옥순, 2005).

하위징아(Huizinga)는 놀이의 보편적 특성에 대해 다음과 같이 정리하였다(이종인 역, 2014).

첫째, 놀이는 자발적 행위이다. 놀이에 의무나 강제적 명령이 부여되는 순간 그것은 더 이상 놀이가 아니다.

둘째, 놀이는 '일상적인' 혹은 '실제' 생활에서 벗어난 행위다. 놀이는 일상생활을 잠시 접어두고 놀이가 만들어 낸 고유의 세계로 들어가 자기에게 부여된 역할을 수행하는 것이다. 이것은 놀이를 하는 사람들이 왜 어느 순간 현실 세계를 잊고 그 안에 완전히 몰입하는지 그것이 어떻게 가능한지를 잘 설명해 주는 특징이라고 볼 수 있다.

셋째, 놀이는 시간과 공간의 제약을 받는다. 놀이는 일단 시작되면 어느 순간 종료된다. 하지만 이 시간적 제약으로 인해 놀이는 후손에게 물려져 전통이 되며 지속적으로 반복되는 특성을 갖는다. 한편 놀이는 일상생활에서 벗어나 있기 때문에 필연적으로 독립된 공간을 필요로 할 수밖에 없다. 오늘날 스포츠 경기장, 무대, 도박장 등의 장소가 생활 세계와는 구분되는 독특한 형태로 발전되어 온 것은 아마도 일상 세계와 놀이터를 엄격하게 구분지음으로써 더 강력한 몰입 효과를 얻기 위함이 아니었을까 생각해 본다.

넷째, 놀이에는 규칙이 있다. 규칙은 놀이에서 아주 중요한 요소이다. 규칙이 없는 놀이는 존재할 수 없으며 놀이에 참여한 어떤 사람이라도 그 규칙을 어기는 순간 놀이는 중단된다.

[그림 2] 규칙이 있는 놀이활동을 즐기는 유아들

그렇다면 영유아의 놀이는 어떤 특성을 가질까? 루빈과 페인 그리고 반덴베르그(Rubin, Fein, & Vandenberg, 1983) 및 이숙재(2005)의 정리를 통해 영유아기 놀이의 특성을 정리해 보면 다음과 같다.

첫째, 놀이는 긍정적 정서를 갖는다. 즐길 수 없으면 놀이라고 할 수 없다.

둘째, 놀이는 내적 동기를 가지며 영유아가 적극적으로 참여하는 것이다. 놀이는 그 자체가 목적이며 신체적으로 정신적으로 몰입하여 놀이를 하는 자체가 완전한 만족을 준다.

셋째, 영유아에 의해 자유롭게 선택된다. 놀도록 강요된 활동은 놀이가 될 수 없다. 그것은 일에 가까운 활동이다. 유아들은 스스로 선택한 활동만을 놀이로 생각하며 다른 사람이 제시하고 지시한 활동은 일로 인지한다.

넷째, 놀이활동은 융통적이다. 놀이는 현실을 반영할 수도 있지만 가장과 상상을 통하여 현실의 왜곡이 일어나기도 한다.

다섯째, 내부에서 부여된 규칙이 있다. 놀이는 외부에서 부과된 규칙의 구속을 거의 받지 않는다. 놀이 규칙은 대부분 놀이에 참여하는 유아들이 함께 정한다. 이미 정해진 규칙이 있는 게임을 할 때에도 유아들은 서로 협의하여 새로운 규칙을 만드는 경우가 많다.

2. 놀이이론

1) 고전 놀이이론

19세기에서 20세기 초까지에 걸쳐 놀이에 대해 제안된 이론으로 고전적 놀이이론에는 잉여 에너지이론, 휴식이론, 연습이론, 반복이론이 있다.

(1) 잉여 에너지 이론(surplus energy theory)

잉여 에너지 이론의 주창자로는 쉴러(Schiller)와 스펜서(Spencer)를 들 수 있다. 이들에 따르면 놀이는 잉여 에너지의 발산이다. 유기체는 생존을 위해 일정량의 에너지를 생성해 내며 생존에 필요한 에너지를 소비한 후 남은 에너지를 뚜렷한 목적 없이 발산시켜 소모하는데 이를 놀이라고 본다. 이 이론에 따르면 성인처럼 생존을 위해 일을 하지 않는 유아는 성인에 비해 에너지 소비가 적기 때문에 잉여 에너지가 더 많이 남게 되며, 이를 소모하기 위해 성인보다 유아가 더 많이 놀이를 한다. 고등동물은 하등동물보다 생존을 위한 대처 전략이 더욱 효율적이어서 놀이를 더 많이 한다. 그러나 잉여 에너지 이론은 잉여 에너지가 충분하지 않은 상태에도 놀이를 계속하는 이유에 대해서는 설명하지 못하고 있다.

(2) 휴식 이론(recreation theory)

휴식 이론의 주창자는 라자루스(Lazarus)이다. 그는 놀이가 에너지 결핍으로 인해 나타나며 에너지를 재생산하도록 한다고 보았다. 일을 하게 되면 에너지가 소모되어 에너지 결핍 증상이 나타나는데 이 결핍된 에너지를 수면이나 일이 아닌 다른 활동, 즉 놀이를 함으로써 재충전할 수 있다. 사람들은 고도의 집중력이나 추상적 추리가 필요한 활동을 오래 하게 되면 정신적 피로감을 느낀다. 이와 같은 피로감은 신체활동과 같은 놀이활동을 통해 회복될 수 있다. 휴식 이론에 따르면, 놀이는 일의 스트레스를 풀고 재충전하는데 필요한 것이므로 성인은 일을 하지 않는 아이에 비해서 훨씬 더 많은 놀이를 해야 하지만 실제로는 그렇지 않다. 또한 일을 하지 않는 유아들이 왜 성인에 비해 더 많이 놀이를 하는가에 대해서는 설명하기 어려운 점이 있다.

(3) 반복 이론(recapitulation theory)

"개체발생은 계통발생을 반복한다." 동물의 개체발생 과정에서 나타나는 형태적 변화는 각 동물이 진화해 온 계통발생을 되풀이한다. 1866년 독일의 헤켈(Haeckel)은 다윈(Darwin)의 진화론에 근거하여 "개체발생은 계통발생을 반복한다."라는 생물발생법칙을 선언한다. 배아의 발달을 생물학의 용어로 '개체발생'이라 하며 '계통발생'이란 종의 진화적 발달을 뜻한다. 다시 말하면, 생물은 발생하는 동안 선조의 진화 단계를 거친다는 것이다.

개체발생이 계통발생을 반복하듯이, 홀(Hall)은 유아의 놀이에서 인류의 진화과정이 반복되어 나타난다고 하였다. 인간은 놀이를 통해 인류의 진화과정을 반복, 재현함으로써 원시 본능을 제거하고 진화에 유용한 결정적인 행동은 계승시킨다. 예를 들어 놀이기구에 올라가는 놀이행동은 조상들이 열매를 따기 위해 나무에 올라가는 행위를 재현하는 것이고 술래잡기는 수렵활동을 했던 경험을 재현하는 것이다. 놀이의 목적은 현대사회에 더 이상 필요하지 않은 원시적인 본능을 놀이를 통해 제거시키는데 있다. 유아들은 과거에 유용했던 원시적 사냥 본능을 제거하기 위해 막대기를 들고 휘두르는 것과 유사한 야구놀이를 한다.

반복 이론은 유아가 원시 본능과 관련이 없는 자전거 타기, 컴퓨터 놀이를 즐기는 이유를 설명하지 못한다. 게다가 유아들의 놀이는 인류의 진화과정처럼 순서적으로 일어나지 않고 보다 풍부하고 다양하게 일어난다. 이런 점에서 반복 이론만으로 놀이를 설명하기는 어렵지만 놀이의 발달적 경향을 체계적으로 설명하려고 한 점에서는 의의가 있다.

[그림 3] 잡고 쫓는 놀이를 하는 유아들. 인류진화과정의 반복일까?

(4) 연습 이론(practice theory)

그루스(Groos)의 연습 이론은 초기 놀이 이론 중 가장 설득력이 있다고 평가되는 이론이다. 신생아는 생존하기에는 완전하지 않은 본능을 가지고 태어나는데 선천적 능력을 완전하게 발달시키기 위해서 놀이를 통한 연습이 필요하다는 관점이다. 연습 이론에 의하면, 놀이는 성인기의 생존활동을 충분히 연습하기 위해 필요한 학습수단이 된다. 소꿉놀이를 하는 유아들을 상상해 보자. 엄마 역할을 맡은 유아는 평소에 보아 온 엄마 모습을 흉내낸다. 아빠 역할을 맡은 유아는 아빠의 모습을 흉내낸다. 연습 이론에서 보면 이러한 놀이를 하는 유아들은 성인기 엄마, 아빠의 행동을 미리 연습해 보는 것이다.

그러나 연습 이론은 나무 오르기와 같이 현대의 성인 생활에 별로 유용할 것 같지 않은 놀이를 아이들이 왜 즐기는지에 대한 설명을 하지 못한다. 또한 오늘날 유아의 놀이 경험이 유아의 신체, 정서, 인지, 언어, 사회성 발달에 긍정적인 영향을 미친다는 점이 밝혀짐에 따라 놀이가 성인 생활에서 필요한 기술만을 연습하는 것으로 보는 것은 놀이의 기능을 지나치게 한정시켰다는 비판을 받고 있다(오영희, 송영란, 강영식, 2003). 그러함에도 불구하고 연습 이론은 유아의 놀이 행동이 적응상 상당히 중요한 역할을 한다는 점을 밝혔다는 점에서 가치가 있다.

[그림 4] 엄마, 아빠 놀이를 하는 유아들

2) 교육과 발달적 관점에서 본 놀이이론

유아교육 철학자인 프뢰벨(Fröbel)과 진보주의 사상가인 듀이(Dewey), 정신분석 이론가인 프로이트(Freud)와 에릭슨(Erikson), 인지발달이론가인 삐아제(Piaget)와 비고츠키(Vygotsky)는 교육과 발달에 있어 놀이의 중요성을 밝혔다. 그들이 제시한 놀이이론을 살펴보면 다음과 같다.

(1) 프뢰벨(Fredrich William August Fröbel, 1782년 4월 21일 ~ 1852년 6월 21일)

프뢰벨은 그의 저서 『인간 교육(The Education of Man)』에서 놀이를 교육활동으로 규정하고 놀이의 이의와 가치에 대해 다음과 같이 밝히고 있다(장현우, 2005).

> 유아기에 놀이를 하는 것은 인간발달에서 최고의 단계이다. 왜냐하면 놀이란 - 이미 말 자체가 표현하고 있는 것이지만 - 안에 있는 것을 자유롭게 표현하는 것이다.

> 유아 단계의 놀이는 가장 순수한 정신적 소산이며, 동시에 인간과 모든 사물 속에 숨어있는 내적인 것의 원형이자 모사이다. 그러므로 놀이는 기쁨과 자유, 자기만족과 세계와의 화합을 만들어 낸다. 모든 신의 원천은 놀이에 있고 또 놀이에서 나온다(서석남 역, 1995).

프뢰벨은 정원사가 식물의 본성에 따라서 물이나 비료를 주고 햇빛과 온도를 고려하며 가지치기를 해 주듯이 교육자도 아이의 본질에 따라 아이가 성장할 수 있는 환경을 조성하기 위해 노력해야 한다고 생각하였다. 하느님을 부지런한 창조자로 파악한 그는 아이가 신적 본질을 가지는 존재로서 창조활동을 해야 한다고 생각했다. 교육의 핵심은 인간 내부에 잠재된 능력을 최대한 이끌어 내는 것이며, 신적 본질의 발현을 위해 놀이와 창조활동을 중요하게 생각했다. 더불어 유아들은 놀이를 통해 자신의 내면적이고 정서적인 욕구를 충족시키므로 놀이활동을 통한 교육을 시간 낭비로 보는 것을 비판하였다.

(2) 듀이(John Dewey, 1859년 10월 20일 ~ 1952년 1월 6일)

듀이는 인간의 성장 · 발달이 사회적 상호작용을 통한 잠재력의 개발에 있다고 보았다. 이를 위해 듀이는 실제성(practice)에 초점을 맞추고 현재 경험을 중요하게 생각했다. 듀이는 교육과정에 있어서 능동적인 작업의 교육적 의의는 그것이 현재 사회 상황의 특징을 잘 나타내기 때문이라고 하며 정원 가꾸기, 옷감 짜기, 목재 구성, 금속 다루기, 요리 등의 일을 하면서 나타나는 능동적인 작업의 중요성을 강조하였다. 이러한 활동들이 중요한 이유는 삶의 원초적인 내용은 직접 부딪히는 일을 할 줄 알게 되는 과정 속에 있다고 보았기 때문이다.

듀이는 놀이와 작업을 같은 맥락으로 간주하였는데 이에 따르면 놀이와 일은 연속적이며 놀이와 일을 구분하는 것도 정도의 차이가 있을 뿐이다. 놀이와 일 모두 목적이 있다. 그것이 강제적일 때는 노동이 되지만, 활동을 즐기면서 계속 연장하게 되면 놀이가 된다. 결과에 주의를 더 많이 기울이면 일이 되지만, 결과보다 과정 자체에 관심을 둔다면 놀이의 특성을 더 많이 갖게 된다.

[그림 5] 김장 담그기. 일일까? 놀이일까?

유아들에게는 놀이와 일이 모두 의미가 있다. 유아들은 능동적인 놀이와 일을 통해 사물과 관념들을 인식하게 된다. 놀이는 유아의 의식 및 활동을 보다 높은 수준으로 자극하므로 이를 위해서는 유아들에게 실제 생활과 밀접한 경험을 제공해야 한다. 교육이 전인적 성장을 목적으로 한다는 것을 고려할 때, 교육 장면에서 놀이는 그대로 방치되기보다는 바람직한 정신적, 도덕적 성장을 촉진하는 방향으로 나아갈 수 있어야 한다.

그는 놀이가 지적인 결과로 종속되는 목적을 가지는 것만으로 인식되어서는 안 된다고 하였다. 교사가 유아의 놀이행동을 통제하면서 완벽한 결과를 도출하려고 하기보다는 유아들이 창의적이고 건설적인 태도로 놀이에 임하도록 하는 것이 필요하다고 하였다. 완벽하게 고안된 자료를 제공하기보다는 원래의 자료를 바탕으로 유아 스스로 유목적적으로 조작해 볼 수 있도록 함으로써, 자료를 완성하는 과정에서 구현될 수 있는 지적인 기능을 획득할 수 있다.

(3) 프로이트(Sigmund Freud, 1856년 5월 6일 ~ 1939년 9월 23일)

프로이트에 따르면 놀이는 유아의 소망이나 욕구를 충족하기 위한 수단이다. 외상적 경험과 관련한 부정적인 긴장과 갈등을 정화하는 활동이 놀이다. 유아는 놀이를 통해 자신의 감정이나 욕구를 공개적으로 표현하게 되어, 현실 생활에서는 충족시킬 수 없었던 자신의 욕구를 충족시키고 내적인 갈등이나 현실의 어려움을 극복할 수 있다.

그에 따르면 아이들이 선호하는 놀이는 특정인에 대한 사랑, 존경, 공포, 분노의 감정에 기초한 역할놀이다. 역할놀이는 특정인과 같아지려고 하는 유아의 소망을 충족시키며, 공포를 유발하는 상황에 대해서는 반복적인 활동을 통해 그를 극복하려고 한다. 예를 들어, 양육자에게 맞는 경험을 한 아이가 인형을 반복하여 때리는 것은 자신에게 가해졌던 두려움을 극복하려는 노력의 일환이다. 자신이 겪었던 나쁜 경험을 반복하는 경험을 통해 유아는 어떤 사건과 연합되어 있는 부정적인 감정을 천천히 받아들일 수 있게 된다.

[그림 6] 가상 세계에서의 놀이를 준비하는 유아들

유아가 동물, 왕자, 공주 등의 역할을 하면서 가상의 놀이 공간으로 들어가

현실에서는 더 이상 표현할 수 없는 유아적 쾌락을 즐기는 것 역시 이와 비슷하며, 더 나아가 이를 통해 현실과 판타지를 넘나드는 상상력을 발현시키기도 한다(박효정, 2010).

(4) 에릭슨(Erik Homburger Erikson, 1902년 6월 15일 ~ 1994년 5월 12일)

에릭슨은 놀이를 사회화의 주요한 단서로 보았다. 놀이는 무의식적 정서의 표출이므로 내적 정서의 진단 도구로써 가치가 있으며, 인간은 놀이를 통하여 갈등과 좌절을 이행하고 재정비함으로써 갈등과 좌절을 수용할 수 있게 된다고 하였다.

그에 따르면 놀이는 아동의 자아기능(ego skill)을 강화하는 데 중요한 역할을 한다. 놀이를 통해 자신과 외부 세계를 연결시켜 실제 상황에서 겪는 어려움을 극복하는 연습을 할 수 있으며, 이러한 경험을 바탕으로 어려움을 극복하려고 노력하는 힘을 갖게 된다.

에릭슨은 놀이가 유아의 심리사회적 발달을 반영하며 다음의 단계에 따라 놀이가 발달한다고 하였다.

첫 번째 단계는 자기 세계 놀이(autocosmic play) 단계이다. 자기 세계 놀이 단계는 자신의 신체를 이용해서 놀이를 하는 단계이다. 감각이나 근육 운동 능력 및 발성을 반복하여 시도해 보는 놀이를 하는데, 이러한 놀이를 통하여 영아는 자신의 세계를 탐색하고 차츰 주변의 세계로 탐색의 범위를 넓혀 가게 된다. 하지만 주 대상은 자신과 긴밀한 관계를 가지게 되는 양육자인 부모가 되며, 부모와의 상호작용을 통하여 여러 가지 반응을 살필 수 있고 주변 세계에 대해서도 관심을 기울이기 시작한다.

두 번째 단계는 미시 영역 놀이(the micro-sphere) 단계이다. 이 시기의 주된 특징은 자기 자신의 세계에서 놀잇감이나 사물로 놀이대상이 확대된다는 것이다. 이 시기에 영유아들은 놀잇감이나 주변 사물을 통하여 소우주 속에 살게 되며, 사물의 일정한 법칙도 이해하게 된다. 이 단계에서 놀이활동들은 현실세계인 사회에 적응하기에 앞서 경험하고 숙달해야 하는 중요한 의미를 지니게 된다. 조작 가능한 놀잇감들을 가지고 혼자놀이를 하면서 놀잇감에 익숙해지고 놀이를 통한 즐거움을 느끼게 된다.

세 번째 단계는 거시 영역 놀이(the macro-sphere) 단계이다. 유아들의 놀이 대상은 사회에서 접하는 사람들로 확대된다. 주변 사물을 통해 숙달시킨 법칙들을 활용하여 다른 사람들과 놀이를 함께 하며 놀이 영역을 확장시킨다. 놀이 영역이 넓어짐에 따라 자아를 조절하면서 현실의 세계에 적응하는 방법을 배우게 된다.

에릭슨은 영유아들이 이러한 놀이 단계를 거치면서 현실의 요구를 다루어 나갈 수 있게 되며 이 과정에서 자아를 강화시켜 나가게 된다고 하였다.

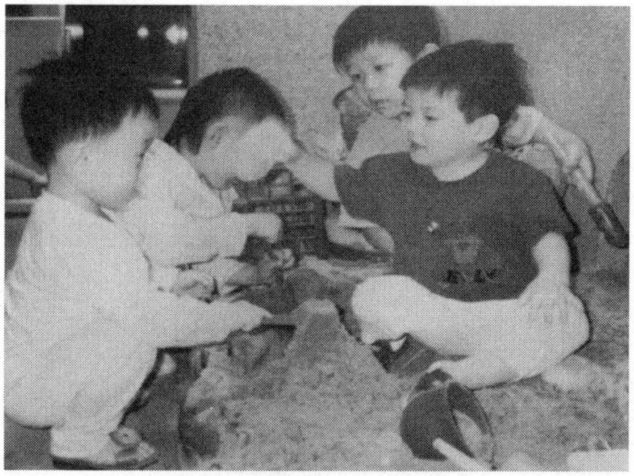

[그림 7] 또래와 놀이를 즐기고 있는 영유아들

(5) 삐아제(Jean Piaget, 1896년 8월 9일 ~ 1980년 9월 16일)

삐아제는 영유아의 사고과정이 일련의 발달단계를 거쳐서 발달해 간다고 보았다. 발달이란 유아가 환경과 상호작용하면서 적응해 가는 과정을 의미한다. 적응은 동화와 조절이라는 상호과정을 통해서 이루어진다. 여기에서 동화란 영유아가 자신의 인지적 도식을 사용하여 외부의 정보를 해석하는 것을 말하는데 새로운 외부 정보가 이미 가지고 있던 자신의 인지적 도식과 맞지 않을 때는 인지적으로 불균형한 상태에 처하게 된다. 인지적 불균형 상태에서 벗어나 영유아는 자신의 인지적 도식을 현실에 맞게 변형시키게 되는데 이 과정을 조절이라고 한다. 동화와 조절을 통한 적응 과정에서 인지적 불균형 상태가 나타나면, 인지구조가 보다 높은 수준으로 발달해 가기 위해 연습이 필요하게 된다.

삐아제는 이러한 연습이 놀이를 통해 나타나며, 감각운동기, 전조작기, 구체적 조작기의 인지발달 단계에 따라서 놀이는 연습놀이, 상상놀이, 규칙놀이의 세 단계로 일어난다고 하였다.

먼저, 0세에서 2세의 감각운동기에는 신체 · 감각운동을 연습하는 즐거움 때문에 단순한 놀이 행동을 반복하는 연습놀이(practice play)가 나타나게 된다. 연습놀이는 출생 이후부터 일생 동안 발달하게 되며 주변 세계를 반복적으로 탐색하는 놀이의 형태가 나타난다.

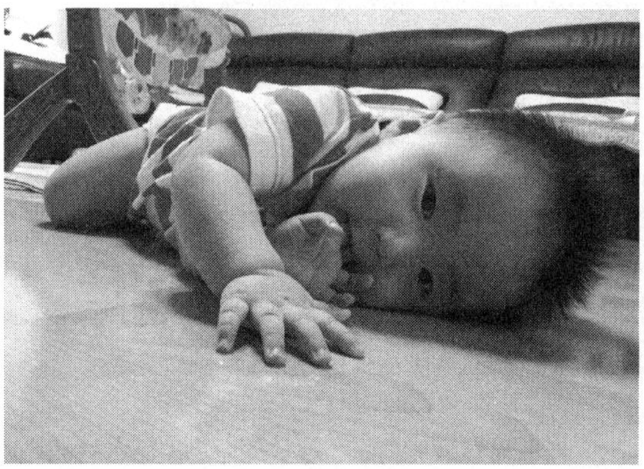

(a)

(b)

[그림 8] 자신의 신체 및 감각을 활용하여 놀이하는 영아들

2세에서 7세 사이의 전조작기 유아는 상징놀이(symbolic play)를 한다. 상징놀이

는 '~인 척(as if)' 하는 것으로 사물, 행동, 역할 등을 실제와는 다르게 가상화하는 놀이를 말한다. 유아의 표상 능력이 발달하면서 사물의 원래 의미를 더욱 확장하여 의미를 부여할 수 있게 된다.

[그림 9] 인형을 아기로 생각하고 산책을 나간 영아들

규칙이 있는 게임(games with rules)은 구체적 조작기에 나타난다. 구체적 조작기의 유아들은 집단의 규칙과 도덕의 영향을 받게 되는 게임을 주로 한다. 유아들은 놀이에서 정한 규칙을 지켜야 하며 규칙을 변형시키려면 다른 집단 구성원들의 동의가 있어야 함을 안다. 게임에 적용되는 규칙을 지키는 경험을 반복함으로써 유아들은 정해진 규칙 내에서 자신의 감정과 행동을 조절하며 다른 유아의 의견을 수용하는 방법과 집단에서 필요한 사회적 기술을 배우게 된다.

(6) 비고츠키(Lev Semenovich Vygotsky, 1896년 11월 17일 ~ 1934년 6월 11일)

인지발달이 사회문화적 맥락 안에서 일어난다는 것을 가정하면서, 비고츠키는 영유아가 갖고 있는 주의, 감각, 기억 등 기본 정신기능이 놀이를 통해 고등정신기능으로 발달하게 된다고 하였다. 어린 아이들은 사물과 사물이 지닌 의미를 분리하여 생각할 수 없기 때문에 추상적 사고가 불가능하다. 예를 들어, 영아는 말이 실재하고 있지 않으면 말에 관하여 상상을 하지 못한다. 상상놀이를 하면서 유아는 말을 대리 사물인 막대기로 나타낼 수 있다. 막대기를 말로 대체함으로써 막대기에 새로운 의미를 부여할 수 있게 되고 이로써 추상적 사고가 가능해진다. 한 가지 사물에 여러 가지 표상적 의미를 부여할 수 있게 되면서 유아는 고등정신과정을 발달시켜 간다.

비고츠키는 놀이가 유아의 사회, 정서, 인지발달에 전반적인 영향을 미치고 이 세 영역은 서로 연관되어 발달한다고 보았다. 발달은 현재 유아의 실제 발달수준을 반영하는 실제적 발달수준과 성인이나 함께 놀이하는 유능한 또래의 도움을 받아서 놀이할 수 있는 잠재적 발달의 두 수준으로 구분된다. 이런 실제적 발달과 잠재적 발달의 수준의 차이를 근접발달지대(Zone of Proximal Development : ZPD)라고 하는데 이 영역에서 유아는 성인이나 유능한 또래의 도움을 받아 과제를 수행할 수 있고 인지적 측면에서 더 높은 수준으로 발달할 수 있게 된다.

놀이에서는 학습의 기능도 나타난다. 유아들은 놀이를 하면서 언어적으로 상호작용하기도 하고 혼잣말을 한다. 놀이를 하면서 나타나는 내적언어(inner speech)는 생각을 정리하고, 표현하며, 행동의 발판을 마련하는데 기초가 된다. 자기 조절과 기억력 및 타인과의 협동과 같은 능력 또한 놀이를 통해 확장될 수 있다.

[그림 10] 성인의 도움을 받으며 놀이하는 영아

3) 놀이 현상에 대한 이론

놀이에서 나타나는 여러 가지 현상들을 설명하려는 이론들이 있다. 다음의 이론들은 놀이장면에서 나타나는 여러 가지 상황들이 왜 그리고 어떻게 나타나는지와 놀이에서 나타나는 아동의 행동을 어떻게 이해할 수 있는지에 대한 시사점을 제공한다.

(1) 각성조절 이론(arousal modulation theory)

벌린(Berlyn)은 놀이가 최적의 각성 상태를 유지하기 위한 중추신경체계의 충동이나 필요성에 의해 나타난다고 보았다. 유기체의 중추신경조직은 최적의 각성 수준을 유지하려는데, 자극의 수준이 지나치게 높거나 혹은 지나치게 낮으면 각성 수준이 이상 상태가 된다. 이 때 인간은 자극 수준을 조절하여 적정 상태를 되찾으려 한다는 것이다.

환경 속에서 새롭고 혼란을 야기하는 자극이 있을 때 사람들은 굉장히 불안하게 되고 중추신경의 각성 수준이 고양되게 된다. 이 수준을 감소시키려면 환경의 불확실성을 제거해야 되는데, 이런 것들을 제거하거나 줄이기 위해서는 환경을 탐색해야만 한다. 반대로 환경에 자극이 결핍되어 있을 때 사람들은 지루한 감을 느끼게 된다. 그래서 적정한 각성 상태를 유지하기 위해 자극을 추가하게 된다. 불확실할 때 혹은 너무 지루할 때 놀이가 나타나게 된다.

처음에 유아들은 탐색적인 놀이활동을 하지만 지루해지게 되면 새로운 방법으로 놀이를 고안하려고 하는 놀이 행동들을 보이는데, 각성조절 이론의 관점에서 보면 이러한 놀이 행동은 유아에게 신체적, 지각적, 지적 자극을 제공함으로써 각성 수준을 적정하게 유지하는데 기여한다.

(2) 상위 의사소통 이론(meta-communication theory)

상위 의사소통이란 이차적 의사소통이라 할 수 있다. 베이트슨(Bateson)은 이를 '의사소통에 대한 의사소통'이라고 하였다. 상위 의사소통은 실제 일어나고 있는 언어적 의사소통과 동일할 수도 있고 그렇지 않을 수도 있다. 실제 일어나는 의사소통을 지원할 수도 있고 모순될 수도 있다. 상위 의사소통은 언어적 의사소통뿐만 아니라 신체·운동적 의사소통에서도 나타난다(Bateson, 1956).

상위 의사소통은 놀이에서도 나타나는데 특히 가장놀이(pretend play)에서 나타난다. 놀이에서 유아들의 의사소통을 이해하기 위해서는 놀이의 맥락(context)을 고려해야 한다. 유아들끼리 엄마, 아빠 놀이를 하면서 일어나는 언어적 상호작용은 그 자체로 이해되어서는 안 되며 소꿉놀이라는 놀이상황을 고려하여 이해되어야 한다. 현실에서 무엇인가를 때리는 행동과 놀이라는 맥락 속에서 때리는 것은 서로 다른 의미를 지닌다. 놀이라는 배경을 이해하지 않고 유아의 행동을 해석하면, 친구를 때리는 행동은 공격적인 것으로 오해될 수 있고 이에 따라 행동의 의도가 잘못 해석되어 사회적 불화를 초래할 수 있다. 놀이 안에서 유아의 행동을 이해하기 위해서는 상위 의사소통을 이해할 필요가 있다.

5세 유아를 대상으로 문화 기술적 관점에서 사회극 놀이의 분석을 통해 유아들의 상위 의사소통 출현의 맥락적 상황을 연구한 박화윤, 최재숙, 마지순(2002)은 상위 의사소통이 역할을 결정하거나 재결정할 때, 놀이자를 초대할 때, 가상적 상황을 설정할 때, 역할 수행 및 부적절한 반응을 수정할 때, 갈등을 해결할 때 나타난다고 하였다.

〈가족 역할극에서 다른 놀이자의 역할 수행을 수정하려고 하는 상황〉

예나 : 아기를 재워야 돼. (나는 곰 인형을 안고 아기를 재워야겠다고 자신에게 하는 메시지)

선진 : 야! 누가 아기냐. 야! 인형이 아기가 있냐?(인형 중에 아기 인형을 없다고 주장하는 것이다)

예나 : 아기라고 할 수 있지?(하고 정희를 향하여 말한다)
정희 : 응
선진 : 아니야. 곰을 아기라고 할 수는 없어. 인형을 아기라고 하는 거 처음 봤다.
예나 : 그래도 할래.

놀이에서 나타나는 사회적 관계는 놀이 밖에서의 사회적 관계를 재정립하고 표현하는데 영향을 미친다. 상위 의사소통을 이해하는 교사는 교실이나 기관, 시설에서 유아들의 대인관계 형성에 민감하다. 즉, 이 이론은 개별 유아의 또래 지위와 사회성 발달을 평가하는데 가치가 있으며 놀이 시 유아의 행동을 설명하는 데도 유용하다.

(3) 각본이론(script theory)

각본(script)은 실제 생활에서 전형적으로 일어나는 사건 표상(event representation)과 개념적으로 유사어이며 사건들 간의 순서와 인과관계를 유지하는 시공간적으로 조직화되고 일반화된 구조이다. 각본은 반복된 실제 경험을 통하여 형성된 특정한 상황이나 맥락에서 공통적으로 일어나는 사건 계열의 지식구조라고 할 것이다(성현란, 이현진, 김혜리, 박영신, 박선미, 유연옥, 손영숙, 2001).

생일잔치에 여러 번 참여해 본 유아들은 촛불을 켜고, 생일축하 노래를 부르고, 촛불을 끄고, 케이크를 자른 것과 같이 생일파티에 대한 일반적 사건에 대한 지식구조(knowledge structure)를 갖게 된다. 유아들은 목욕하기, 병원 가기, 어린이집 가기, 취침 시간과 같이 일상적으로 일어나는 사건들을 계속하여 학습하고 기억한다. 이들 사건들에 대한 기억은 일상생활에서의 경험으로 인해 더욱 정교해지고 시간적으로 복잡한 구조를 가진 각본으로 발전한다.

[그림 11] 생일잔치를 즐기는 영아

각본은 특정 상황에서의 행위 계열 구조이므로 유아들의 각본 형성은 유아가 미래의 유사한 상황에서 어떻게 행동해야 할 것인가를 예측할 수 있게 하는 기능을 가진다. 각본은 인과성, 범주 개념 등 유아기 인지발달을 촉진하는 기제가 되며, 상호작용이 자주 일어나는 사회적 상황에서 또래들 간에 공유되는 지식기반(knowledge base)으로 작용한다. 유아들끼리 공유하는 각본이 많을수록 이들의 대화나 행동은 자기중심성에서 벗어나 탈중심화된 대화나 행동이 가능하게 될 것이다. 이처럼 각본의 사회문화적 공통점은 유아기 사회적 관계를 형성하는 중요한 수단이 된다(성현란 외, 2001).

놀이는 기억에 의해 활성화된, 유아가 경험한 사건에 대한 지식구조가 표현된 것이다. 생일잔치, 목욕하기와 같은 일반적 경험은 유아들에게 동일하게 나타날 수 있지만 개인적인 경험이 다르다면 놀이도 다른 형태로 나타난다. 또한 같은 경험을 했더라도 경험에 대한 유아의 기억과 해석이 다르면 놀이에서 나타나는 형태도 다르다.

3. 놀이의 의의

1) 놀이와 신체 · 운동발달

영유아들은 놀이를 하면서 다양하게 신체를 움직인다. 자연스러운 운동이 되며, 잘 계획된 놀이는 신체 각 부위의 균형 있는 발달을 가능하게 한다. 예를 들어, 유아가 좋아하는 '모양 맞추기' 놀이는 모양을 끼워 맞추는 놀이로 눈과 손의 협응 능력의 향상 및 소근육 발달에 도움이 된다. '둥개둥개 둥개야'는 영아와 성인 간의 애착관계를 증진시킴과 동시에 균형감각의 발달에 도움이 된다. 놀이는 발달에 장애를 지닌 유아의 신체발달에도 기여한다. 박은선(2002)은 정신지체아를 대상으로 자유놀이가 신체발달에 미치는 영향에 대하여 연구한 바 있는데, 정신지체아의 놀이는 운동발달에 기여하며 특히 눈과 손의 협응 능력의 향상에 긍정적인 영향을 미쳤다.

(a) (b)

[그림 12] 놀이와 대 · 소근육 발달

2) 놀이와 사회성 발달

인간은 놀이를 하면서 '사회적인 존재'로 성장한다. 생의 초기에는 가정에서 부모와 함께 놀이하며 친밀한 관계를 형성하게 된다. 부모와 함께 '까꿍놀이'를 하는 영아는 안정적인 애착을 형성하게 되고 이는 원만한 대인관계를 맺을 수 있는 바탕이 된다.

점차 자라면서 또래와 함께하는 놀이는 유아가 사회적으로 상호작용하는 방법을 배우는 데 도움이 된다. 또래와의 상호작용에서 유아는 견해차와 갈등을 경험하게 되는데, 문제를 해결하기 위해서는 다른 사람의 사고나 감정 및 욕구를 고려하여야 한다는 것을 알게 된다. 놀이에서 또래와의 갈등을 해결하고자 노력하는 과정은 유아의 사회적 능력을 향상시킨다.

사회학습이론에 의하면, 또래는 유아에게 새로운 행동을 가르치고, 어떤 상황에서 어떤 행동이 적합한지를 알려주며, 유아로 하여금 자신의 성격이나 능력을 평가할 수 있는 기준을 설정하는 역할을 하는 등의 중요한 역할을 한다. 유아들은 또래의 행동과 그 결과를 관찰함으로써 대리학습(vacarious learning)을 하게 되는데, 또래의 행동을 관찰하면서 새로운 반응패턴을 학습하는 것도 중요하지만 이에 못지않게 중요한 것은 또래의 특성, 상황, 결과 등을 또래의 행동과 관련짓는 규칙까지도 학습한다는 것이다(정옥분, 2004).

유아는 친구들과 놀이를 함께하면서 타인과 협력하는 방법을 학습하게 된다. 더 나아가 규칙과 질서의 개념, 약속의 개념 등 사회성의 기초개념을 획득한다.

(a)

(b)

[그림 13] 또래와 즐기는 놀이

3) 놀이와 정서발달

영유아의 언어능력은 감정을 표현하기에 한계가 있기 때문에 놀이를 통해 감정이나 생각을 표현하게 된다. 놀이를 통해 부정적인 정서를 자유롭게 표출할 수 있기 때문에 놀이는 정신건강에 유익하다. 더불어 놀이는 기쁨을 준다. 어린 시절에 했던 숨바꼭질 놀이를 떠올려 보자. 숨어있던 친구를 찾아냈을 때의 성취감, 술래가 찾아낼까봐 조마조마했던 긴장감 등의 정서를 떠올려 보면 놀이가 즐거움, 기쁨과 같은 긍정적인 정서를 발달시키는데 중요한 역할을 한다는 것을 쉽게 이해할 수 있다.

한편으로 유아는 획득하고자 하는 목적을 위하여 자신의 정서적 갈등을 억제하며 통제할 수 있어야 한다. 즉 도달 가능한 미래의 목적에 도달하기 위해 적절한 문제해결 능력을 보유하고 유지할 수 있어야 하는데 이러한 정서적 능력을 정서실행능력(emotional executive ability)이라고 한다. 정서실행능력은 전전두엽(prefrontal lobe)이 담당하는 고차원적 인지처리과정으로써 상황과 맥락에 적절하게 자신의 행동과 정서를 조절하는 자기조절 능력과 관련이 있다(이은희, 2013).

이 같은 관점은 정서가 인지능력과 밀접한 관련이 있음을 의미하는 것으로 정서의 실행기능을 연구하는 연구자들은 대체로 청소년기 아동을 대상으로 그 기능을 연구해 왔다. 최근에는 유아기로 정서실행기능에 대한 연구가 확대되고 있는데, 신체접촉놀이가 유아의 정서실행기능에 미치는 영향을 검증한 이민경(2015)은 등에 글씨쓰기, 신체 마주대기, 규칙이 있는 게임놀이에서의 자연스러운 신체접촉을 유도하는 놀이 등의 신체접촉이 일어나는 놀이를 12회기로 구성하여 신체접촉놀이의 효과를 검증하였다. 그 결과 신체접촉놀이가 정서실행기능에 긍정적인 영향을 미쳤음을 보고하였다. 이 같은 연구결과는 유아기 놀이가 긍정적 정서의 발달에도 도움이 되지만, 인지적 측면에서 정서기능이 원활하게 수행될 수 있도록 하는 데에도 도움이 된다는 것을 나타낸다.

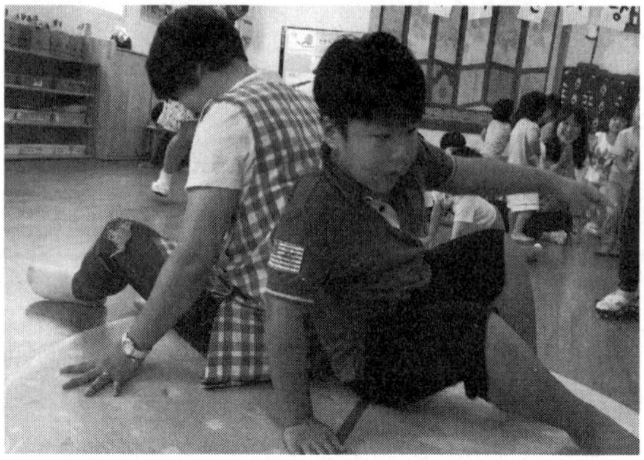

[그림 14] 신체를 접촉하며 놀이하기

4) 놀이와 인지발달

영유아들은 다양한 놀잇감을 가지고 놀이한다. 구체적인 사물을 가지고 놀이를 하는 경험을 통해 물체들의 무게, 질감, 색깔, 크기 등 물리적 지식을 학습하게 된다. 다양한 놀잇감이 어떤 점에서 같고 다른지 비교해 보는 경험을 통해 사물들 간의 관계를 이해할 수 있는 논리·수학적 지식을 학습한다. 주변의 사물과 사건을 지각하고 이해하는 영유아들의 인지능력은 새로운 환경에서 새로운 놀이 경험을 전개해 나가면서 보다 발전된 인지체계로 나아가게 된다.

이숙재(2008)에 따르면 영아기는 자신의 신체나 주변에 있는 물건과 놀잇감을 가지고 감각적으로 탐색하거나 놀이를 하면서 다양한 체험을 하고 이런 경험을 토대로 지적 발달이 점진적으로 이루어지는 시기라고 하였다. 감각 운동적 놀이행동을 반복하면서 새로운 행동을 학습하고 학습된 행동을 여러 상황에 적응하면서 인과관계를 이해하고, 목적 달성을 위해 시행착오 행동을 시도하는 등 지적 발달의 수준을 높여 간다는 것이다. 또 놀잇감이나 사물을 조작하는 놀이 경험을 통해 사물의 기능과 특성을 이해하고 대상영속성(object permanence) 개념도 형성하며 한 사물을 다른 것으로 대체하여 표상하는 능력도 발달한다고 하였다.

영아의 쌓기놀이는 영아의 수학적 개념 학습에 도움이 된다. 블록은 그 차제가 수학적 비율에 의해 만들어진 것이다. 예를 들어, 유니트 블록은 높이, 넓이, 길이의 비율이 1 : 2 : 4로, 이 비율을 확대하거나 분할하여 다양한 크기의 블록이 나온다. 이런 점에서 블록은 수학적 개념을 가르치는데 유용한 도구가 될 수 있다(이은하, 20001). 이러한 점에 착안하여 황현정(2012)은 주제중심 쌓기놀이활동이 영아의 인지발달에 미치는 효과를 연구하였는데, 인지발달 전반 모두에서 유의한 효과가 나타나지는 않았으나 수학적 개념 향상에는 효과가 있는 것으로 나타났다.

[그림 15] 블록을 이용하여 쌓기놀이를 하는 영아

5) 놀이와 언어발달

놀이는 언어 연습의 장으로 영유아들은 놀이를 하면서 끊임없이 언어를 연습하고 습득한다. 놀이를 하면서 다양한 어휘와 문법을 배우고 역할에 맞게 적절한 언어를 사용할 수 있게 된다. 또한 놀이 친구들과 사회적 관계를 맺으면서 점차 자기중심적 언어에서 탈피하여 다른 사람의 말에 귀를 기울여 이해하게 되고 자신의 의견을 교환하는 사회적 언어 능력을 갖게 된다.

역할놀이에 참여한 유아들은 주어진 역할에 적합한 언어를 구사하기 위해 노력하고, 역할을 정하거나 놀이를 전개해 가는 방안에 대한 토론에 참여하는 유아들은 자기주장의 타당성을 획득하기 위해 노력하기 때문에 의사소통 능력이 증진되게 된다(Shaftel & Shaftel, 1982). 과거의 사실을 언어적으로 회상하고 시간의 흐름에 따라 일어난 사건들을 언어적으로 배열하고 미래사건을 계획하는 데도 놀이는 관련이 있다. 놀이를 하면서 대화를 나누고 사물의 명칭과 기능을 언어로 표현하며 다른 사람과 공유하는 경험은 언어발달에 긍정적인 영향을 미친다(Johnson, 1976).

서수민(2012)은 만 3세 아동 중 언어발달이 지체된 아동을 대상으로 역할놀이가 언어발달에 미치는 효과를 연구하였다. 연구결과, 역할놀이를 활용한 언어 중재 프로그램은 언어능력이 낮은 언어발달 지체 유아의 어휘능력 향상에 효과가 있었다. 한 가지 주제를 가지고 범주화된 어휘를 사용하여 유아의 흥미와 동기를 유발할 수 있는 역할놀이는 일상에서 활용 가능한 어휘를 반복적으로 사용함으로써 일반화가 용이하다. 놀이는 유아들이 즐거워하는 활동이므로 역할놀이는 언어발달 지체 유아들의 어휘 능력을 향상시키고자 할 때 효과적으로 활용될 수 있을 것이라고 하였다.

6) 놀이와 창의성

창의성은 '새롭고, 독창적이고, 유용한 것을 만들어 내는 능력' 또는 '전통적인 사고방식을 벗어나서 새로운 관계를 창출하거나, 비일상적인 아이디어를 산출하는 능력' 등을 일컫는 것으로써 그 개념은 매우 다양하다. 초기에 창의성은 주로 유창성, 융통성, 독창성, 정교성을 포함하는 확산적 사고의 관점에서만 연구되었으나, 그 후에는 수렴적 사고와 확산적 사고를 포함하는 다양한 지적 능력, 인성, 지식, 환경의 총체적인 관점에서 연구되고 있다(한국교육심리학회, 2000).

영유아들의 놀이 과정에는 사물과 인물 및 사건에 대한 다양한 탐색과 문제를 해결하는 과정이 내포되어 있어서, 놀이는 창의성을 발달시키는데 도움이 된다고 여겨져 왔다. 다양한 놀이활동이 창의성에 미치는 효과를 살펴본 실험연구들도 이를 지지하고 있다. 비구조적 놀잇감을 활용한 구성놀이는 창의성의 하위 요인인 유창성, 융통성, 독창성, 상상력에 긍정적인 효과가 있으며(김지윤, 2015), 전통놀이 활동도 창의성에 도움이 된다(김현진, 2013; 임채영, 2015). 동화를 활용한 연극놀이도 창의성 발달에 효과가 있었는데, 연극놀이를 경험한 유아들은 창의성의 하위 요인 중 모험심과 과제집착력의 점수가 높은 것으로 나타났다(김승하, 2010). 이외에도 실내 모래놀이활동(최선미, 2011), 자연물을 활용한 놀이활동(소명수, 2013), 흙 활용 놀이활동(박영애, 2015), 팝업 북과 블록을 사용한 구성놀이(김현실, 2013), 음악기반 감각통합 놀이 프로그램(조민아, 2015) 등이 유아의 창의성 발달에 효과가 있는 것으로 보고되고 있다.

[그림 16] 자연물을 활용한 놀이활동

이처럼 다양한 놀이활동이 창의성 향상에 도움이 된다는 연구들이 많으나, 놀이

활동 자체가 창의성의 발달에 도움이 되었다고 보기보다는 놀이를 하는 과정에서 경험하게 되는 여러 가지 요소들이 창의성의 발달에 도움이 될 것이라고 예측하는 것이 더욱 타당한 것으로 보인다. 놀이활동 자체의 수행보다는 놀이 과정에서 나타나는 성인과 영유아의 상호작용, 또래들끼리의 상호작용, 구조화되어 있지 않아서 다양한 방법으로 사용될 수 있는 놀잇감과 영유아들의 상호작용, 창의적 사고를 지원하는 분위기 등이 창의성 발달에 도움이 될 것이다.

7) 놀이와 성차

영유아들의 놀이를 관찰하면 남아와 여아의 놀이가 다른 양상으로 나타난다는 점을 발견할 수 있다. 일반적으로 남아는 적목 쌓기, 자동차, 비행기 등 운동량이 많은 놀잇감을 좋아하며 대근육을 보다 많이 사용하고 다소 공격적으로 보이는 활동을 선호하는 경향이 있으며, 여아는 인형놀이, 옷 입히기, 소꿉놀이 등 정적인 활동을 선호한다(Fagot & Leinbach, 1983). 몸을 이용하여 상대와 싸우는 척하는 일종의 놀이형태인 거친 신체놀이(rough and tumble play)는 남아가 여아보다 더 많이 한다. 소꿉놀이는 여아들이 많이 하며, 환상놀이는 남아들에게서 더 많이 나타난다.

놀이에서의 이러한 양상은 거의 모든 문화권에서 나타난다. 전반적으로 남아는 여아에 비해 2배 이상 더 많이 거친 신체놀이를 하며, 거친 신체놀이의 하위 범주인 도망가기와 잡기 같은 추적놀이와 밀고 당기기, 발로 차는 척하기, 팔 휘두르는 시늉하기, 치기 및 찌르기, 넘어지기, 잡기, 갑자기 달려들기 등의 유사 싸움놀이 모두를 하지만, 여아의 경우에는 추적놀이 위주의 놀이를 한다(김영아, 2007). 남아들의 거친 신체놀이는 여아들에 비해 과격한 행동으로 많이 나타나지만, 여아들의 경우에는 친밀감을 표시하기 위한 행동에서 거친 신체놀이로 이행되는 경우가 많다(고여훈, 2009).

상상놀이(imaginative play)에서도 성차가 나타난다. 만 2세 영아들은 성별에 관계

없이 다른 놀이주제들에 비해 가족의 생활을 묘사하는 가정놀이(소꿉놀이)를 가장 많이 한다는 공통점이 있지만 남아들은 교통놀이, 전쟁놀이, 소방관놀이, 환상놀이를 더 많이 하는 반면에 여아들은 가정놀이를 더 많이 한다(이지향, 김희진, 2003). 만 5세 유아의 경우에도 남아는 여아보다 사회적 가장놀이(pretend play)에 더 활발하게 참여하는데, 최지은(2015)은 이러한 이유가 여아는 주어진 수행에 몰두하는 경향이 있는 반면 남아는 과업수행보다 놀이에 더 몰두하는 경향을 보이기 때문이라고 하였다.

(a)

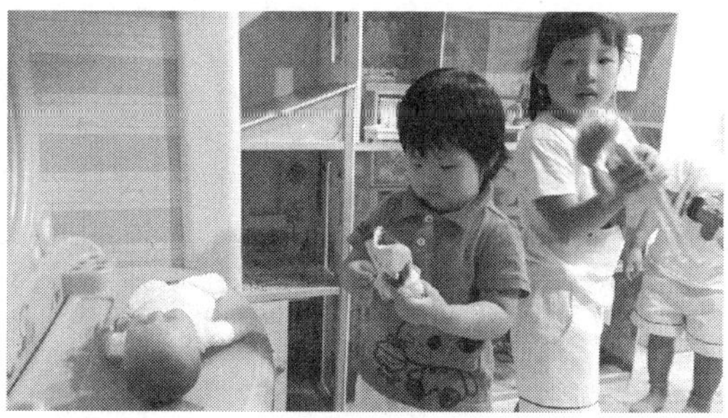

(b)

[그림 17] 자동차에 관심을 보이는 영아와 소꿉놀이를 하는 여아들

그렇다면 놀이에서의 성차는 왜 나타나는가? 사회학습이론(social learning theory)에서는 성 역할을 환경과 경험에 의해 획득된 후천적인 행동양식으로 생각한다. 부모들은 약 2세를 전후하여 영유아의 성에 적합한 행동을 격려하며 성에 부적합한 행동에는 부정적으로 반응하는 경향을 보인다(Fagot & Leinbach, 1989). 부모들은 자녀들이 자녀들의 성과 일치하는 놀잇감을 갖고 놀 때에는 긍정적으로 반응하고 다른 성의 놀잇감을 가지고 놀 때에는 억제하는 반응을 보인다. 특히 아버지는 자녀의 성과 일치하는 놀이에는 보상하고 다른 성의 놀이에는 억제하는 반응을 강하게 보였다. 어머니는 딸에게는 아버지와 같은 반응을 보였으나 아들에게는 양성의 놀이를 모두 허용하였다. 또래들은 자신의 성에 맞지 않는 놀이를 하는

또래를 놀리는 등 비판적인 반응을 보였다. 자신의 성에 적합한 놀이에 대한 또래 압력은 2세를 전후하여 일찍부터 시작되는 것으로 알려져 있다(Fagot, 1985; 송명자, 2002, 재인용). 사회학습이론에서는 이러한 경험이 내면화되면서 놀이에서의 성차가 나타난다고 본다.

그러나 진화심리학(evolutionary psychology)에서는 환경적인 요인보다는 생물학적 요인이 성차에 더 주요한 요인이라고 주장하고 있다. 태어난 지 하루 된 신생아 남아 44명, 영아 58명에게 여자 얼굴 사진과 움직이는 모빌을 동시에 보여주고 어느 쪽을 더 많이 보는지 측정한 결과, 남자 아기는 움직이는 모빌을 더 많이 쳐다보았고 여자 아기는 사람의 얼굴 사진을 더 많이 쳐다보았으며 응시시간도 길었다(Baron-Cohen, 2003). 일반적으로 남자는 움직이는 물체에 관심이 많고 여자는 타인과의 관계의 관심이 많다. 성차가 사회적으로 결정된다면 태어난 지 얼마 되지 않은 신생아에게 이런 성차가 나타날 수 있을까? 진화심리학에서는 성차가 사회화의 결과라기보다는 애초에 남성과 여성이 전혀 다르게 태어났기 때문에 나타나는 결과라고 보고 있다(박영신, 2011). 놀이 또한 진화론적 관점에서 보면, 남아들이 움직이는 놀잇감에 관심이 많고 신체활동이 많은 놀이를 선호하는 것과 여아들이 타인과의 관계를 다루는 소꿉놀이를 선호한다는 점은 진화의 산물이다.

4. 놀이와 치료

1) 놀이의 진단적 기능

영유아의 놀이는 성인의 언어와 유사한 것으로, 영유아는 놀이를 통해 자신의 모든 것을 표현한다. 정서 상태는 물론이고 신체적, 인지적, 정서적, 사회적인 모든 영역이 놀이에 반영되어 나타나게 된다. 그러므로 영유아의 놀이를 관찰하다 보면 영유아들이 외부세계를 어떻게 인식하고 있는지, 의사소통에 대해서는 얼마나 알고 있는지, 또한 이것을 얼마나 잘 사용하고 있는지 알 수 있다. 이러한 이유 때문에 오래 전부터 놀이시간은 영유아의 발달에 대한 평가 자료를 수집하는 시간으로 활용되어 왔다. 특히, 놀이는 영유아가 자발적으로 참여하는 활동이기 때문에 인위적으로 조사하는 방법보다 자연스런 상황에서 영유아를 있는 그대로를 관찰할 수 있는 장점이 있다. 이러한 장점 때문에 놀이는 자기표현의 한 방법이 됨과 동시에 자신이 현재 도달해 있는 발달수준을 그대로 보여주는 수단이 된다. 이를 정리해 보면 다음과 같다.

(1) 전반적 발달수준 평가

영유아의 놀이를 보면 그들의 신체, 인지, 정서, 사회적 발달정도 등에 대해 알 수 있다. 놀이를 하고 있는 영유아의 몸의 움직임과 손동작을 통하여 대 · 소근육 조절 능력 및 눈과 손의 협응력 수준을 파악할 수 있으며 언어 표현이나 인지 반응을 근거로 하여 언어 능력과 지적 능력을 평가할 수 있다. 또한 놀이 친구와의 상호작용 정도에 따라서 사회성 발달수준을 파악할 수 있다.

(2) 영유아의 경험과 정서 파악

놀이는 정서표현의 수단이 된다. 특히 언어로 자신의 감정을 표현하기 어려운 유아는 걱정, 욕구, 불안, 흥미와 같은 감정과 정서를 놀이를 통해 표현한다. 한 예로, 동생에게 질투를 느꼈던 유아는 인형을 동생으로 간주하여 놀이를 하면서 인형을 때리는 것과 같은 공격적 행동을 할 수 있다. 이를 통해 유아가 동생에 대해 어떤 감정을 가지고 있는지 파악할 수 있다. 이러한 놀이특성은 놀이치료에 이용되고 있다.

(3) 발달상 문제점 진단

놀이는 일반 유아가 아닌 신체 · 정서발달에 어려움을 가지고 있는 유아를 평가하는데 적용될 수 있다. 란드레스(Landreth, 1991)는 여러 유형의 유아집단이 보이는 놀이형태를 비교하였는데, 어려움을 가진 유아들은 정상집단의 유아들에 비해 창조적인 놀이를 즐기지 않고 계속 혼자 놀려고 하며 같이 놀아주는 사람보다 장난감에만 몰두하고 상호작용이 필요한 놀이를 많이 하지 않는 등 놀이의 양과 질에 차이가 있다고 하였다. 또한 부적응 유아와 적응 유아의 놀이 간에도 차이가 나타났는데, 부적응 유아는 놀이에서 우울하거나 갈등이 있는 주제가 많이 나타나고 치료자의 개입을 거부하며, 자신과 주변의 경험에 대해 부정적으로 표현하는 빈도가 더 많았다. 이처럼 유아의 놀이 행동은 현재 유아가 가지고 있는 정서와 행동 발달의 어려움을 반영하고 있어서 유아의 문제를 진단하는데 유용하게 사용될 수 있다.

(4) 놀이 평가

놀이 행동 자체가 평가의 대상이 될 수 있다. 유아가 흥미롭게 참여하는 놀이는 어떤 것인지, 주로 사용하는 놀잇감은 어떤 것인지, 놀이 집단은 어떻게 구성되는지(성별, 연령, 집단의 크기 등), 놀이가 얼마 동안 지속되는지, 놀이자간의 상호작용은 어떠한지 등을 평가하여 보다 효율적인 놀이지도의 참고자료로 삼을 수 있으며, 놀이치료의 효과를 검증해 보는 데에도 활용될 수 있다(정금자, 1999).

2) 놀이와 치료

프로이트(Freud)는 놀이가 아동의 욕구 충족을 위한 수단이라고 하였다. 놀이는 아동의 상상 속에서 원하는 바를 표현함으로써 간접적으로나마 자신의 욕구를 충족시키는 수단이 된다. 현실이라는 장애물 때문에 실생활에서 그대로 받아들여질 수 없는 위험하고 공격적인 충동을 완화하여 훨씬 안전하고 수용 가능한 것으로 바꾸어 준다(정금자, 1999). 예를 들어, 유리창을 깨뜨리고 놀이친구를 때리거나 진흙에 뒹굴고 싶은 욕망을 실제로 행하는 것은 아동에게 허용되지 않는다. 그러나 놀이를 할 때에는 한계가 있기는 하지만 파괴적이고 더러워질 수 있다. 아동들이 도자기 점토를 뭉개고, 찧고, 모래성을 부수고 또는 보보인형을 주먹으로 치면서 공격성을 드러내는 것을 볼 수 있다.

놀이에는 유아의 기쁨, 슬픔, 불안, 좌절, 질투, 공포, 분노 등 모든 감정이 표현된다. 놀이치료의 이론적 근거는 유아가 놀이를 통해 자연스럽게 자신의 심리적 문제를 표현한다는데 있다. 심리적으로 문제를 지닌 유아를 놀이상황에 두면 자연스러운 놀이활동을 통해 자신의 문제를 표현하면서 문제의 불안과 긴장을 해소시켜 차츰 자신의 문제에 대한 통찰력을 갖게 된다. 이러한 통찰은 유아로 하여금 보다 긍정적이고 적극적인 방향으로 문제에 대응해 나가도록 이끌어 줌으로써 결과적으로 문제를 스스로 극복하게 해 준다. 예를 들어, 엄마가 교통사고로 병석에 눕게 된 것이 원인이 되어 정서적으로 심한 문제를 갖게 된 유아에게 엄마인형, 아기인형, 트럭, 승용차 같은 장난감들을 주어 놀게 하면, 놀이를 통해 엄마가 사고를 당한 장면을 재현하고 자신을 아기 인형과 동일시하면서 자신이 가진 문제를 인형에게 투사하게 된다. 이러한 과정을 경험하며 불안과 공포를 경감시키고 스스로 자신의 문제를 이겨낼 수 있는 힘을 기르게 된다. 놀이가 가진 반복재연의 기능은 자아방어기제가 발달하지 못한 아동에게서 더욱 많이 나타난다. 아동들은 놀이를 통하여 불쾌한 경험을 여러 번 반복함으로써 자신에게 정서적인 상처를 주는 사건의 충격을 완화시켜 점차 상황을 극복할 수 있게 된다.

놀이치료는 전문가가 한 아동을 1주일에 1~2회씩 놀이방에서 만나는 동안 형성된 인간관계를 바탕으로 이루어지는 치료다. 놀이방에는 각종 놀잇감이 다양하게 준비되어 있으며, 여기에서는 아동 내면에 깊숙이 잠재되어 있는 감정을 노골적으로 표출하는 것이 허용되고 장려된다. 놀이에서의 자기표현은 자신의 문제에 대한 통찰력을 갖게 해 준다.

(a)

(b)

[그림 18] 놀이치료실의 놀잇감

액슬린(Axline)은 놀이치료에서의 놀이상황이 아동들에게 최대한 허용되어야 하며, 치료자는 최대한 수용적인 태도를 가져야 한다고 주장하였다. 놀이장면에서 아동은 그 상황을 통제하는 주도자여야 하는데, 이는 어떻게 행동할 것인가에 관한 지시를 자신 외의 어떤 사람으로부터도 받아서는 안 된다는 의미이다. 그래야만 놀이를 통해서 자신의 생각과 감정을 어른의 권위나 간섭 없이 자연스럽게 표현하게 되고, 결국 놀이 속에서 정서적 안정을 찾게 된다. 이러한 정서적 안정은 자연스럽게 아동으로 하여금 자기수용과 자기충족의 감정을 되찾게 한다. 아동의 정서적 갈등과 불안을 이해하기 위해서는 놀이를 체계적으로 관찰해야 하고, 그러한 관찰의 결과에서 나타난 문제를 소정의 놀이경험을 통해서 해소시키고 통찰력을 갖도록 도와주어야 한다(김영희, 고태순, 2006).

5. 놀이와 놀이성

영유아들은 많은 시간을 놀이활동을 하며 보내지만 놀이하는 모습은 서로 다르다. 어떤 아이들은 신체를 활발하게 움직이며 놀이하는 반면 그렇지 않은 아이도 있다. 놀이상황에서 농담이나 장난하는 것을 좋아하고 다른 사람들에게도 즐거움과 웃음을 안겨주는 아동이 있는가 하면 그렇지 않은 아이들도 있다. 어떤 아이는 다른 또래에 비해 친구들과 어울리고 상호작용하는 놀이를 보다 더 좋아하며 활동적이고 협조적인 성향을 가지기도 하지만, 어떤 아이들은 보다 조용하고 진지한 탐색을 요구하는 놀이를 즐긴다. 이와 같이 영유아들 간에 서로 다르게 나타나는 놀이 행동을 놀이성(playfulness)이라고 한다. 놀이성은 행동을 일으키는 성향 내지 태도를 일컫는 심리학적 구인으로써 놀이성은 놀이자의 특성이라고 할 수도 있다(김영희, 1995).

에릭슨(Erikson, 1972)에 따르면 놀이성은 삶에 접근하는 태도를 결정한다. 어려워 보이는 과제나 환경에 처했을 때라도 그것을 즐길 수 있는 놀이적인 태도를 가지고 있으면 어려움에 쉽게 접근하게 된다. 놀이성이 높은 아동은 놀이성이 낮은 아동에 비해 놀이활동에 더 많이 참여하게 되어 더 많은 놀이기회를 갖게 되고 다양한 놀이경험을 할 수 있게 된다. 놀이가 제반 발달 영역의 발달과 관련이 있는 만큼 놀이성이 높은 아동은 제반 발달이 원활하게 이루어질 가능성이 높아진다.

놀이성이 심리적 구인으로 이루어져 있다는 관점에 따라 많은 학자들이 영유아의 놀이성을 측정하고자 하였다. 바넷(Barnet, 1990), 리버만(Liberman, 1977)은 놀이성의 구인을 신체적 · 사회적 · 인지적으로 자발적이고 즐거움의 표현이 자유롭고 명백하며, 재미있는 상황을 좋아하고 익살스러운 정도를 나타내는 내재적인 성격특성으로 정의하였다. 이에 근거하여 김영희(1995)가 타당화한 유아 놀이성 척도를 제시하면 다음의 〈표 2〉와 같다.

표 2 유아 놀이성 척도

번호	아동의 성향	1	2	3	4	5
1	놀이활동을 할 때 각 신체기관 간의 협응이 잘 된다.					
2	놀이하는 동안 적극적으로 신체를 움직인다.					
3	놀이를 할 때 정적인 것보다는 동적인 것을 좋아한다.					
4	놀이를 할 때 많이 움직인다(깡총깡총 뛴다, 뛰어다닌다).					
5	놀이하는 동안 다른 아이들의 접근에 쉽게 반응한다.					
6	다른 아이들과 협동적으로 놀이한다.					
7	다른 아이들과 놀잇감들을 나누어 함께 사용한다.					
8	다른 아이들과 어울리려고 노력한다.					
9	친구를 쉽게 사귄다.					
10	다른 아이들과 놀이할 때 주도적이다.					
11	다른 아이들과 놀이할 때 리더 역할을 하려고 한다.					
12	자기의 독특한 놀이방법을 만들어 낸다.					
13	놀이를 할 때 틀에 얽매이지 않고 자유롭게 물건들을 사용한다.					
14	놀이를 할 때 여러 가지 성격의 역할들을 하고자 한다.					
15	놀이하는 동안 한 활동만 고집하지 않고 활동들을 바꾸어 가며 한다.					
16	놀이하는 동안 즐거워한다.					
17	놀이하는 동안 기운차 보인다.					
18	놀이에 열중한다.					
19	놀이하는 동안 감정을 자유로이 표현한다.					
20	놀이를 하면서 노래를 부르거나 이야기한다.					
21	다른 아이들과 우스운 이야기하기를 좋아한다.					
22	놀이를 할 때 장난기가 많다.					
23	재미있는 이야기를 잘한다.					
24	우스꽝스러운 이야기를 들으면 잘 웃는다.					
25	놀이를 할 때 익살부리기를 좋아한다.					

부모나 교사가 유아의 행동을 관찰한 후에 측정할 수 있는 도구로 1~4번은 놀이할 때 신체기관 간의 협응이 잘 되고 신체를 적극적으로 움직이며 동적인 것을 좋아하는지를 측정하는 신체적 자발성, 5~9번은 놀이할 때 친구의 접근에 쉽게 반응하고 협동적이며 친구를 쉽게 사귀고 놀잇감을 함께 나누는지를 측정하는 사회적 자발성, 10~14, 20번 문항은 놀이할 때 주도적이고 다양한 역할을 하고자 하며 놀잇감을 융통성 있게 사용하고 독창적인지를 측정하는 인지적 자발성, 15~19번은 놀이를 할 때 다양한 활동에 참여하고 열중하며 기운차고 즐거워하며 감정표현이 자유로운지를 측정하는 즐거움의 표현, 21~25번은 장난기가 많고 우습고 재미있는 이야기를 잘하고 익살스러우며 우스꽝스런 이야기에 잘 웃는가를 측정하는 유머감각의 다섯 가지 구인으로 이루어져 있다. 측정 점수가 높을수록 놀이성이 높다는 것을 의미한다.

Chapter 02

놀이의 발달

놀이의 양상은 연령에 따라 어떻게 변화하는가? 이 장에서는 다른 사람과 함께 하는 놀이의 변화 양상과 영유아의 인지적 발달 특성에 따라 변화하는 놀이의 양상을 알아보고자 한다. 선행 연구자들이 제시한 놀이의 단계적 변화 양상을 학습함으로써 영유아의 놀이를 관찰할 때 놀이가 어떤 단계를 반영하고 있는지 진단하고 평가할 수 있게 된다. 이에 따라 영유아를 위한 놀이를 보다 체계적으로 계획할 수 있을 것이다.

1. 사회적 놀이의 발달

영유아들은 놀이를 하면서 친구들과 함께 어울리게 되어 협동하고 사이좋게 놀이도 하지만 경쟁하고 다투기도 한다. 이러한 과정을 경험하며 영유아들은 사회적인 학습을 하게 된다. 그렇기에 사회성 발달의 입장에서는 놀이가 사회성 발달의 매개체며 사회적 기술과 사회 인지 능력을 발달시킨다고 본다(김영희, 고태순, 2006).

파튼(Parten, 1932)은 영유아들의 놀이 관찰을 통해 놀이가 다음과 같은 6단계를 거쳐 발달한다고 하였다. 유아기에 접어들면 놀이는 보다 상호작용에 근거한 사회화된 형태로 발전한다.

놀이를 통한 사회성 발달은 6단계에 걸쳐 발달하게 되지만 대략적으로 보면, 다음의 세 단계로 진행된다. 첫 단계는 몰입되지 않은 놀이, 방관자적 놀이, 혼자 놀이처럼 비사회적 놀이의 형태이며 이는 점차 병행놀이라는 제한된 사회적인 활동으로 옮아간다. 마지막 단계에서 유아는 연합놀이나 협동놀이 같은 진정한 사회적 상호작용의 형태에 참여하게 된다(Berk, 1996; 정옥분, 2004, 재인용).

1) 몰입되지 않은 놀이(unoccupied play)

영아는 놀고 있지 않는 것처럼 보이지만 주변의 일에 흥미를 가지고 있으며 주로 자신의 신체를 가지고 논다.

[그림 19] 다른 영아의 놀이에 관심을 보이는 영아

2) 방관자적 놀이(on-looker behavior)

대부분의 시간을 다른 영아가 노는 것을 관찰하면서 보낸다. 다른 영아에게 말을 하거나 질문을 하거나 제안을 하지만, 자신이 직접 놀이에 끼어들지 않고 계속 관찰하는 방관자적 입장에 있다. 예를 들어, 한 영아가 빨강 블록으로 자동차를 만들고 있는 친구를 보며 빨강 블록이 어디에 있는지 친구에게 알려 준다. 몰입되지 않은 놀이 행동과 방관자적 행동은 놀이가 아니지만 놀이 상황에서 나타나는 행동이라는 점에서 공통점이 있다. 몰입되지 않은 행동을 보이는 영아는 친구에게 제안이나 권유를 하지 않지만 방관자적 행동을 하는 유아는 놀이하는 친구에게 제안을 하기도 한다.

[그림 20] 방관자적 놀이

3) 혼자놀이(solitary play)

혼자놀이는 유아가 가까운 거리에 있는 친구와 다른 놀잇감을 가지고 혼자서 놀이하는 형태이다. 이때 유아는 자신의 놀이에 몰두하고 친구에게는 관심을 보이지 않는다.

[그림 21] 혼자놀이

4) 병행놀이(parallel play)

병행놀이는 유아가 친구와 같은 공간에서 서로 유사한 놀잇감을 가지고 유사한 놀이를 혼자서 하는 놀이형태이다. 유아는 같은 놀이를 하고 있는 친구를 간섭하지 않으며 자신의 놀이를 한다. 혼자놀이와 병행놀이는 한 공간에서 놀이가 진행된다는 점에서 공통점이 있으나 혼자놀이에서는 유아가 친구와 다른 놀잇감을 사용하지만 병행놀이에서는 서로 유사한 놀잇감을 사용한다는 점이 다르다.

[그림 22] 병행놀이

5) 연합놀이(associative play)

연합놀이는 유아가 친구와 동일한 놀잇감을 가지고 함께 놀이하는 형태이다. 유아는 함께 놀이하는 친구와 이야기를 나누거나 놀잇감을 빌려 주기도 하지만, 각자의 방식대로 행동하며 서로의 역할을 분담하는 등의 조직적인 놀이 전개는 이루어지지 않는다.

[그림 23] 연합놀이

6) 협동놀이(cooperative play)

협동놀이는 가장 조직적인 놀이 형태이다. 놀이에서 유아들은 공동의 목표를 달성할 수 있도록 지휘자를 정하고, 서로의 역할을 분담하는 등 조직적으로 활동한다. 연합놀이와 협동놀이는 집단놀이라는 점에서 공통점이 있으나, 연합놀이보다 협동놀이에서 놀이가 조직적으로 전개된다는 특성이 있다.

파튼(Parten)은 놀이가 단독놀이(2~2.5세), 병행놀이(2.5~3.5세), 연합놀이(3.5~4.5세), 협동놀이(4.5세)로 진행된다고 보았다. 일반적으로 놀이가 이러한 단계로 진행하지만 일부 유아들은 전략적으로 병행놀이를 하기도 한다. 일부 연구자들은 병행놀이와 단독놀이도 어느 정도 성숙한 사회적 놀이의 특성을 띤다고 보고하고 있기도 하며 혼자놀이보다 병행놀이를 보다 낮은 수준의 사회적 놀이로 보고하는 연구도 있다(Moore, Everston, & Brophy, 1974; Rubin, 1982; Rubin, Maioni, & Hornung, 1976).

호우즈(Howes, 1980)는 파튼(Parten)의 병행놀이를 보다 세부적으로 분석하였다. 걸음마기 영아들의 놀이를 관찰하고 분석하여 사회적 놀이를 다음의 5가지로 제시하였다.

(1) 병행놀이(parallel play)

병행놀이는 영아가 친구와 동일한 놀이에 참여하지만 사회적 접촉이 전혀 없는 놀이형태이다.

(2) 상호 병행놀이(parallel play with mutual regard)

병행놀이와 유사하나 옆에 있는 친구를 의식하고 눈맞춤과 같은 간단한 사회적 상호작용을 하기도 한다. 그러나 놀이자체를 위한 상호작용은 없다.

(3) 단순한 사회적 놀이(simple social play)

같은 놀이를 하면서 서로 웃고 말하고 놀잇감을 빌려 주는 등의 사회적인 상호작용을 시도한다. 하지만 여전히 영아는 각자의 놀이를 한다.

(4) 보완적 놀이(complementary social play)

보완적 놀이는 영아가 친구와 한 가지 활동에 참여하는 놀이형태이다. 영아는 서로를 인식하고 활동할 수 있도록 도움을 주기도 하지만 영아간의 사회적 교류는 원활하게 일어나지 않는다.

(5) 보완적이면서 상호 호혜적인 놀이(complementary and reciprocal social play)

보완적이면서 상호 호혜적인 놀이는 영아가 친구와 같은 활동을 하면서 서로 협력하는 놀이형태이다.

한편, 윈터(Winter, 1985)는 생후 25개월에서 34개월 된 영아의 사회적 놀이를 분석한 결과 대부분의 영아들이 또래와 가까이 있으면서도 혼자서 놀이를 하는 경향이 많으며 또래 간에 언어적 상호작용을 하면서 놀이를 하는 경우는 3%에 불과하다고 하였다. 상호작용적인 놀이 양상은 영유아들이 성장함에 따라 발달하고 차례지키기, 협력하기, 규칙지키기 등과 같은 다른 사회적 기술들과 함께 발달한다.

2. 인지적 놀이의 발달

인지적 놀이의 발달에 관한 이론은 영유아의 지적 발달에 따라 나타나는 놀이양상이 다르다는 것을 보여 준다. 유아의 지적 능력이 발달함에 따라 상징능력이 발달하고 그에 따라 놀잇감을 이용하여 놀이하는 양상이 다르게 나타난다. 또한 타인의 입장을 고려하는 조망수용능력의 발달에 따라 게임놀이 양상도 발달해 나간다.

삐아제(Piaget, 1962)는 유아의 인지발달이 감각운동기, 전조작기, 구체적 조작기로 발달해 간다고 하였다. 각 단계의 인지발달적 특성에 따라 놀이양상도 변화하여 연습놀이, 상징적 놀이, 규칙 있는 게임의 순서로 발달해 간다고 하였다.

1) 연습놀이(practice play)

감각운동기인 0세에서 2세에 주로 나타난다. 영아는 자신의 감각기관을 사용하여 다양한 외부 세계를 탐색해 가며 놀이한다. 예를 들어 영아가 발로 모빌을 건드렸을 때, 모빌이 움직이며 소리가 났다면 반복해서 발로 모빌을 건드리는 행동을 반복하는 형태로 나타난다. 좀 더 발달하게 되면 한 행동과 다른 행동을 연결하기도 하고 한 가지 행동의 반복에 조금씩 변화를 주는 형태로 적극적으로 놀이하게 된다. 연습놀이는 영아가 외부세계를 탐색하도록 돕는다. 연습놀이는 다시 6단계로 구분되는데, 이 또한 감각운동기의 세부 발달 단계와 관련이 있다.

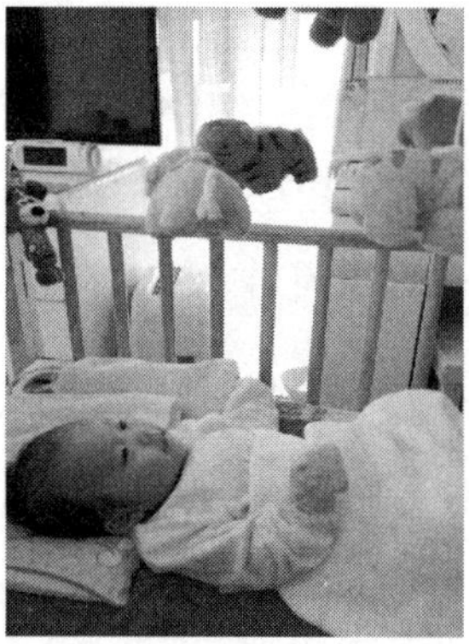

[그림 24] 모빌의 움직임을 관찰하는 영아

(1) 1단계 반사운동기(reflex activity. 출생~1개월)

영아는 세상에 대한 지식을 습득하는 일차적 자원으로서 빨기, 잡기, 큰 소리에 반응하기와 같은 반사적 행동에 의존한다. 영아는 다양한 반사 능력을 가지고 이 세상에 태어나며, 이를 통해 외부 세계를 이해하게 된다. 이들 중 가장 우세한 반사는 빨기반사인데, 영아는 입에 닿는 것은 무엇이든지 빨려고 한다. 빨기반사, 잡기반사 등은 외부 세계에 적응해 나가는 과정을 통해 계속적으로 발달하며 이후의 인지발달을 위한 초석이 된다. 이 하위단계의 중요한 특징은 첫째, 자신과 외부 세계 간의 구분이 없다는 점이다. 때문에 이 시기에 나타나는 영아의 행동은 적응적 목적에서 행해지므로 진정한 의미에서 놀이라고 보기 어렵다.

(2) 2단계 일차 순환반응기(primary circular reactions. 1~4개월)

영아의 관심이 외부의 대상보다는 자신의 신체에 있기 때문에 '일차' 순환반응이라고 한다. '순환반응'이란 용어는 빨기, 잡기와 같은 감각운동의 반복을 의미한다. 즉, 유아가 우연한 행동을 통해 재미있는 결과를 초래하게 되면 계속해서 그 행동을 반복하게 되는 것을 말한다. 예를 들어, 영아가 손가락을 빠는 것이 아주 재미있는 일이라고 생각하게 되면 손가락을 자꾸만 입 속에 넣으려고 한다.

(3) 3단계 이차 순환반응기(secondary circular reactions. 4~8개월)

영아가 자신의 외부에 있는 사건과 대상에 열중한다는 의미에서 '이차' 순환반응이라고 한다. 일차 순환반응기 동안 영아는 자신의 신체와 신체 주변에 있는 대상과 사건에 관심을 갖는다. 그러나 이차 순환반응기에는 영아의 관심이 자신의 신체 외부에 있는 대상과 사건에 있다. 즉 이차 순환반응은 영아가 그 자신이 아닌 외부에서 흥미로운 사건들을 발견하고 이를 다시 반복하려고 할 때 나타난다.

보기-잡기와 같은 도식의 발달은 주변 환경에 흥미를 갖는 결과를 만들어 내게 된다. 우연히 수행한 어떤 행동이 흥미 있는 결과를 초래할 경우, 또 다시 그 결과를 유발하기 위해 그 행동을 반복하게 된다. 예를 들어 우연히 딸랑이를 흔들어 소리가 났을 경우, 영아는 잠시 멈추었다가 다시 그 소리를 듣기 위해 딸랑이를 흔드는 행위를 되풀이한다. 그러한 행동이 되풀이되는 것은 의도성(intentionality)이 나타나는 증거이며 목표지향적 행동의 초기 형태가 시작된다는 증거이기도 하다.

[그림 25] 이차 순환반응기의 영아

(4) 4단계 이차 순환반응의 협응기(coordination of secondary circular reactions, 8~12개월)

자신의 목표를 달성하기 위해 두 가지 행동을 협응하게 하기 때문에 이 단계를 이차 순환반응의 협응기라고 한다. 영아는 자신이 원하는 것을 얻기 위해 장애물을 제거하는 행동을 하게 된다. 인과관계의 개념을 이해하게 되는데, 삐아제는 이것을 진정한 의미에서 지능의 첫 신호라고 믿었다. 영아가 방해물을 치우고 숨겨진 물건을 찾아내는 행위는 대상영속성(object permanence)의 개념을 획득하기 시작했다는 사실을 보여 준다. 이 시기에는 어떤 물체가 눈앞에서 사라진다고 하더라도 그 물체가 없어진 것이 아니라는 것을 인식할 정도로 영아의 대상영속성

개념이 발달하기 시작한다. 장애물을 치우고 물건을 찾아내는 행위를 반복하며 영아는 기쁨을 느낀다.

(5) 5단계 삼차 순환반응기(tertiary circular reactions, 12~18개월)

삼차 순환반응은 선행되는 두 순환반응과 구분하기 위해 '삼차' 라고 한다. 일차 순환반응기 동안 영아는 자신의 신체에 관심을 가지며 이차 순환반응기에는 외부 세계에 있는 대상에 관심을 갖는다. 삼차 순환반응기가 되면 영아는 실험적 사고에 열중한다. 영아는 새로운 원인과 결과 간의 관계에 대해서 이를 가설화한다. 예를 들어, 영아는 처음에 장난감 북을 북채로 쳐보지만 다음에는 어떤 소리가 나는가 보려고 연필로, 블록으로 그리고 망치로 두들겨 본다.

[그림 26] 삼차 순환반응기의 영아

(6) 6단계 정신적 표상(mental representation, 18~24개월)

영아의 지적 능력이 놀랄 정도로 크게 성장하는 시기이다. 영아는 이제 눈앞에 없는 사물이나 사건들을 정신적으로 그려내기 시작하고, 행동을 하기 전에 머릿속에서 먼저 생각을 한 후에 행동한다. 정신적 표상이 가능해지면서 이전 단계까지는 불가능하던 지연모방(deferred imitation)이 가능하게 된다. 지연모방은 어떤 행동을 목격한 후 그 행동을 그 자리에서 곧장 모방하지 않고 일정한 시간이 지난 후에 그 행동을 재현하는 것을 말하는데, 지연모방 능력이 발달하면서 영아는 상징놀이를 할 수 있게 된다.

표 3 감각운동기 하위 단계의 특징과 행동 특징

단계	연령(개월)	특징
반사기능	0~1개월	빨기, 잡기 등 생득적 반사의 역습
일차 순환반응	1~4개월	반사기능으로부터 적응적 도식의 발달
이차 순환반응	4~8개월	흥미로운 사태를 재현하는 절차 발달
이차 도식협응	8~12개월	수단과 목표를 결합하는 의도적 행동 표출
삼차 순환반응	12~18개월	탐색과 시행착오를 통해 새로운 수단-목표 결합
내적 표상	18개월~2세	표상 및 상징기능 출현

2) 상징놀이(symbolic play)

유아의 상징 능력이 발달하는 전조작기에 나타난다. 사물을 다른 것으로 대치하여 사용하거나 구체적 사물이 없이 흉내를 내며 놀이한다. 병원놀이, 소꿉놀이와 같이 다양한 사회적 역할놀이가 나타난다.

3) 규칙이 있는 게임(games-with-rules)

유아가 자기중심적 사고에서 벗어나서 규칙을 알게 되는 구체적 조작기에 나타난다. 여러 명의 유아가 모여 게임을 하면서 자신의 의견과 다른 사람의 의견을 조정하고 다른 사람의 의견을 고려하여 함께 규칙을 정하고 지키며 놀이한다.

스밀란스키(Smilansky, 1968)는 삐아제의 이론을 발전시켜 전조작기에 나타나는 구성놀이를 구성놀이와 극적놀이로 나누어 4가지 놀이유형으로 분류하여 제시하였다. 각 놀이의 특성을 소개하면 다음과 같다.

(1) 기능놀이(functional play)

연습놀이와 비슷한 특성을 보인다. 사물을 이용해서 움직이거나 사물을 이용하지 않건 간에 단순한 근육 운동을 반복하는 놀이이다. 공굴리기, 뛰기, 춤추기 등이 기능놀이에 속한다.

(2) 구성놀이(constructive play)

만 2세경부터 유아는 창의적인 형태의 구성놀이를 한다. 모래, 블록, 찰흙 등을 이용하여 다양한 사물을 만들고 창조하면서 즐거움을 느낀다.

(3) 극적놀이(dramatic play)

상황과 역할을 상상하여 놀이하는 역할놀이를 한다. 다양한 역할을 가장하여 수행하는 역할 모방놀이와 막대기를 칼인 척하고, 빈 잔을 들고 물을 마시는 척하는 가상전환 놀이가 여기에 포함된다.

(4) 규칙 있는 게임(games-with-rules)

이미 정해져 있는 규칙을 받아들이고, 규칙을 변경하거나 새로운 규칙을 만들며 놀이한다. 카드게임, 끝말잇기 등과 같은 놀이가 이에 속하는데 이런 놀이를 통해 유아는 규칙 내에서 자신의 감정과 행동을 조절하고 다른 사람의 의견을 수용하는 방법을 배운다. 가장 높은 단계의 놀이유형이다.

프로스트와 클라인(Frost & Klein, 1979)은 스밀란스키(Smilansky)의 극적놀이를 다시 상징놀이와 사회 극적놀이로 세분화하였다. 이들에 따르면 놀이의 발달은 다음의 5단계로 설명할 수 있다.

(1) 기능놀이(functional play)

자신이 경험한 신체적 움직임을 반복하며 기능적인 즐거움을 느끼는 놀이이다.

(2) 구성놀이(constructive play)

다양한 사물을 이용하여 만들어 보고 바꾸면서 창조하는 놀이이다.

(3) 상징놀이(symbolic play)

존재하지 않는 대상을 표상하는 놀이로 연필을 주사기로 생각하여 주사를 놓는 흉내를 내고 모래로 밥을 짓는 흉내를 낸다.

(4) 사회 극적놀이(sociodramatic play)

상징놀이의 발달된 형태로 한 명 이상의 놀이 구성원과 함께 직접 경험해 본 상황이나 다른 사람의 역할을 모방하거나 상상하여 놀이한다.

(5) 규칙 있는 게임(games-with-rules)

삐아제(Piaget)와 스밀란스키(Smilansky)가 제시한 규칙이 있는 게임 단계와 마찬가지로 정해진 규칙을 받아들여 놀이하기도 하고 새로운 규칙을 만들어 규칙을 변경하면서 하는 놀이이다.

유아의 인지적 놀이 단계 중 가장 발전된 형태는 규칙이 있는 게임을 하는 단계이다. 정해진 규칙을 이해하고 적절하게 사용하며 주어진 범위 내에서 자기 행동을 통제하기 위해서는 인지발달이 선행되어야 하기 때문에 규칙이 있는 게임은 주로 구체적 조작기에 나타나는 유형이라고 하였다. 그러나 전조작기에 있는 유아라도 간단한 규칙이 있는 게임을 할 수 있다. 게임놀이가 유아의 자기조절력과 유치원 적응행동에 효과가 있었으며(강명화, 박인전, 2013) 정서지능에도 긍정적인 영향을 미쳤다는 연구결과(박현경, 2006)를 고려해 볼 때, 유아의 인지발달을 고려한 게임놀이를 개발하여 활동하는 것은 유아의 발달을 돕는데 유용할 것이라 기대된다.

Chapter 03

영유아의 발달과 놀이, 놀잇감

1. 영아기 발달에 따른 놀이와 놀잇감
2. 유아기 발달에 따른 놀이와 놀잇감
3. 놀잇감의 선택

본 장에서는 영유아의 발달적 특성을 이해하고 발달적 특성을 고려한 놀이와 놀잇감을 소개한다. 여기에서 소개하는 놀이와 놀잇감들은 특정 연령에 국한되는 것은 아니다. 연령적 발달 특성을 고려했을 때보다 효율적으로 영유아의 발달에 기여할 것이라고 생각되는 놀이와 놀잇감을 제안한다.

1. 영아기 발달에 따른 놀이와 놀잇감

1) 출생에서 6개월 영아의 발달과 놀이, 놀잇감

(1) 출생에서 6개월 영아의 발달 특성

① 신체 · 운동발달

출생 직후부터 나타내던 반사 운동이 점차 사라지면서 감각 능력이 발달하게 된다. 청각능력이 발달하여 점차 말소리의 차이를 구별할 수 있게 되고, 시각능력이 발달하여 움직이는 사물을 따라 눈이 이동하게 된다. 또 신체능력이 발달하여 손을 뻗어 무엇을 잡거나 몸을 움직여 발을 입에 대보기도 한다.

② 인지발달

감각기관을 이용하여 환경과 직접 상호작용하는 과정을 통해 지적 능력이 발달한다. 영아는 자신의 신체 움직임에 따른 사물의 반응을 즐기면서 반복해서 연습한다. 점차로 친숙한 사람, 사물, 사건을 인식하게 되고 단순한 움직임을 모방할 수 있게 된다.

③ 사회 · 정서발달

주양육자와 애착관계를 형성하게 되어 미소짓기 등과 같은 사회적 반응을 보인다. 아주 초보적인 수준의 자아개념이 나타나게 되어 자신의 신체에 대해 관심을 갖는다. 즐거움과 기쁨과 같은 긍정적인 정서와 불안과 같은 부정적인 정서를 나타내며 2, 3개월이 된 영아는 즐거움을 표현하기 위해 소리 내어 웃을 수 있다. 점차 성장하면서 영아는 낯선 사람에 대해서 불안을 보이며 울기도 한다.

④ 언어발달

태어나서는 울음으로 자신의 의사를 표현하던 영아가 4~5개월이 되면 옹알이를 시작한다. 옹알이는 그 자체가 영아에게 기쁨을 주는 놀이의 기능을 갖는다. 옹알이를 하면서 주위 반응을 감지하게 되는데, 주위에서 영아의 옹알이에 적극적으로 반응을 해 주면 소리가 빈번해지고 다양해지지만 반응이 없으면 점차 옹알이를 하지 않게 된다.

(2) 출생에서 6개월 영아의 놀이

이 시기의 영아는 자신의 신체 부위에 대해 관심을 가지며 이를 이용하여 다양한 놀이를 한다. 팔을 뻗어 딸랑이를 잡아 보거나 발을 움직여 모빌의 움직임을 보는 놀이를 즐긴다. 관련하여 오감을 이용한 다양한 놀이를 한다. 시각과 관련하여 시각추적놀이를 하기도 하고 청각과 관련하여 다양한 소리를 듣는다. 이때 너무 시끄러운 소리나 많이 혼합되어 있는 소리보다는 조용한 소리를 들려주는 것이 좋다. 이 시기에 영아와 함께 하는 '둥개둥개'나 '꼬노꼬노' 등의 전래놀이는 성인과 영유아의 애착형성의 발달에 유용하다.

(3) 출생에서 6개월 영아의 놀잇감

출생에서 6개월 영아에게 적절한 놀잇감으로는 감각적인 경험을 제공하는 놀잇감이 좋다. 시각적인 경험을 제공하는 모빌, 청각적인 경험을 제공하는 딸랑이, 촉각적인 경험을 제공하는 촉감책 등이 적합하다. 깨지지 않는 거울을 이용하여 영아의 자아인식을 도울 수 있다. 놀잇감의 안전성은 6개월 이전의 영아에게는 필수조건이다. 이 시기 영아들은 잡은 것은 입으로 가져간다. 따라서 너무 무겁거나 모서리가 뾰족한 놀잇감은 적절하지 않다.

[그림 27] 영아의 촉감발달을 돕는 놀잇감

2) 6개월에서 12개월 영아의 발달과 놀이, 놀잇감

(1) 6개월에서 12개월 영아의 발달 특성

① 신체 · 운동발달

대근육이 발달하여 혼자 앉을 수 있고 서서히 기게 되며 도움을 받고 걷게 된다. 소근육도 발달하여 의도적으로 손을 움직이려고 하며 헛손질이 줄어들게 된다.

② 인지발달

대상영속성(object permanence) 개념이 발달하게 된다. 대상영속성이란 눈에 보이지 않지만 실제 존재하고 있음을 이해하는 것을 의미한다. 이 시기 영아에게 물체를 보여준 후 물체를 수건으로 가리면, 눈앞에 있던 물건이 없어진 것이 아니라 가려져 있음을 알고 사라진 물체를 찾으려는 움직임이 나타난다.

③ 사회 · 정서발달

주양육자와 애착관계를 형성하고 낯선 사람에 대한 불안이 나타난다. 놀잇감에 대한 선호도가 나타난다.

④ 언어발달

옹알이를 많이 하게 되며 12개월 정도가 된 영아는 한 단어를 말할 수 있게 된다. 성장하면서 점차 간단한 어휘를 이해하게 된다.

(2) 6개월에서 12개월 영아의 놀이

이 시기 영아들은 짝짜꿍, 잼잼, 곤지곤지 등과 같은 전래놀이를 즐긴다. 이와 같은 전래놀이는 소근육 발달에 유용하다. 성인과 함께 공을 굴리면서 주고받는 놀이나 굴러가는 공을 기어서 찾아가는 놀이들과 함께 까꿍놀이와 같이 대상영속성 개념 발달과 관련한 놀이를 즐긴다. 헝겊책, 두꺼운 종이로 제작된 그림책을 성인과 함께 본다.

(3) 6개월에서 12개월 영아의 놀잇감

6개월에서 12개월 영아에게 적절한 놀잇감으로는 영아의 신체발달을 돕는 헝겊공이나 고무공 등을 들 수 있다. 크기가 다양한 공을 제시해 주거나 소리가 나는 공을 제시해 주면 청각발달과 시각추적 능력의 발달을 도울 수 있다. 고리끼우기, 소리나는 놀잇감 등은 영아의 소근육 발달에 도움이 된다. 영아의 언어발달을 위해서는 단순한 반복리듬을 갖고 있는 노래 테이프와 견고한 그림책 등이 필요하다.

[그림 28] 색깔이 다른 공을 탐색하는 영아

3) 1세에서 2세 영아의 발달과 놀이, 놀잇감

(1) 1세에서 2세 영아의 발달 특성

① 신체 · 운동발달

1세에서 2세 영아는 초기 걸음마기에 있다. 영아는 걸어 다니면서 세상을 탐색한다. 서랍 등을 열어 물건을 꺼내 보면서 다양한 사물을 접하게 된다. 소근육이 점차 발달하여 손과 팔의 근육을 조절하여 던지기를 할 수 있게 된다.

② 인지발달

사물에 대한 호기심이 증가하여 사물의 이름에 대해 자주 질문한다. 알고 있는 사물의 이름도 물어 보면서 사물 명명하기를 즐긴다. 원인과 결과에 대해 관심을 기울인다. 또한 짧은 주의지속 능력이 나타난다. 고리 끼우기 놀이를 하다가 바로 주의를 전환해서 그림책에 관심을 보인다. 지연모방 능력도 나타난다. 지연모방 능력이란 사전 경험을 다시 떠올려 놀이할 수 있는 능력을 말하는데 이는 24개월을 전후해서 급속하게 발달하게 된다.

③ 사회 · 정서발달

이 시기 영아는 또래보다 성인과 놀이하기를 즐긴다. 같은 공간에 또래와 엄마가 있는 경우에, 또래보다는 엄마와 놀이하기를 즐긴다. 스스로에 대한 인식이 증가하고 자율감이 발달하여 '내가 할거야.'라는 표현을 자주 하게 된다. 자율감과 더불어 독립심이 증가하지만 성인의 도움을 필요로 하는 시기이므로 독립심과 의존이 동시에 나타난다. 또한 조작된 짜증이 나타난다. 조작된 짜증이란 실제 짜증을 낼 상황이 아님에도 일부로 짜증이 난 것처럼 발을 구른다든지 누워서 버둥거리는 등의 행동을 하는 것을 의미한다. 감정의 지속시간이 짧아 즐거워서 웃다가도 금방 짜증을 내기도 한다.

④ 언어발달

영아는 한 단어에서 점차 다양한 단어를 습득하게 된다. '엄마 맘마 주세요.'를 '엄마 맘마'라고 표현하는 식의 전보문의 형태가 나타난다. '멈춰라,' '앉아라' 등의 지시어를 따를 수 있고 남의 말을 흉내내려고 하며 자신의 욕구를 말로 표현하려고 한다. 쓰기와 관련해서 끼적거리는 것을 즐기고 그림책 보기를 즐긴다.

(2) 1세에서 2세 영아의 놀이

신체발달과 관련하여 밀기, 끌기, 기어오르기, 차기 등의 놀이형태가 나타난다. 소근육이 발달하여 블록쌓기, 컵쌓기, 구슬 꿰기 등의 놀이 활동이 나타난다. 통 안에 구슬 넣고 빼보기, 가득 채운 후 쏟는 등의 놀이들도 즐기는데 이런 놀이들은 인과관계 탐색에 유용한 놀이들이다. 이 시기에는 실제의 물건과 유사해 보이는 놀잇감으로 상상놀이를 시작한다.

[그림 29] 컵쌓기 놀잇감으로 놀이하는 영아

(3) 1세에서 2세 영아의 놀잇감

이 시기 영아들은 걸어다닐 수 있으므로, 영아가 막대기를 잡고 밀고 다닐 수 있는 놀잇감이 적절하다. 천장이 있는 탈 수 있는 놀잇감은 영아가 안락감을 느낄 수 있으므로 적절하다. 음악을 듣고 춤을 추기 시작하므로 음악 CD 등이 필요하다. 꼭지가 있는 조작퍼즐, 나무못과 스티로폼판, 큰 구슬과 두꺼운 줄로 된 구슬 꿰기, 독성이 없는 크레용 및 두꺼운 종이, 리듬악기 등은 영아의 소근육 발달에 유용하다. 이 시기에도 여전히 자아개념의 발달을 돕기 위해서 크고 깨지지 않는 거울을 사용할 수 있으며 영아의 탐색활동을 돕기 위해 물놀이 조작도구, 까꿍 놀잇감 등이 필요하다. 짧은 가사의 동요는 영아가 따라 부르기 쉬워 어휘 발달을 돕는다. 짧은 글이 있는 그림책도 적합하지만 책을 읽어 줄 때에는 영아들의 주의 집중 시간을 고려해야 한다.

2. 유아기 발달에 따른 놀이와 놀잇감

1) 2세에서 3세 유아의 발달과 놀이, 놀잇감

(1) 2세에서 3세 유아의 발달 특성

① 신체 · 운동발달

걷기가 정교해지고 뛰기 활동을 즐기지만 뛰면서 방향전환은 쉽게 하지 못한다. 30개월이 지나면 옆으로 구를 수 있고 36개월 정도 되면 머리에 손을 받쳐 주면 앞으로 구를 수 있다. 물체를 던지고 받을 수 있게 되어 성인과 공 주고받기를 할 수 있다. 목표물을 향해 공을 던질 수 있고 세발자진거를 탈 수 있게 된다. 눈과 손의 협응 능력이 발달하여 혼자 옷을 벗을 수 있고 안전가위를 사용할 수 있다.

② 인지발달

초보적 수준의 수학개념을 알게 된다. 30개월 정도가 되면 사물을 분류할 수 있어서 동그란 모양끼리 혹은 세모 모양끼리 분류할 수 있다. 초보적 수세기를 할 수 있어 자동차를 보고 하나, 둘 셀 수 있다. 위, 아래, 옆, 뒤를 이야기하는 등 공간개념을 이해하게 된다. 시간개념이 발달하여 낮과 밤을 구분하게 된다. 사물에 대한 탐색활동을 하면서 사물에 대한 관찰능력이 발달하게 된다. 관찰한 사물들 간의 다른 점이 무엇인지 안다. 이 시기 유아들은 말 자체를 즐겨 질문을 위한 질문을 한다. "왜 그림자가 있어?"라고 유아가 질문을 하면, 그림자가 왜 생기는지에 대해 과학적 설명을 장황하게 하려고 하기보다는 상상해서 이야기해 줄 필요가 있다. 지연모방 능력이 완성되면서 짧은 나무토막을 컵이라고 생각하기도 한다. 이처럼 단순한 모방활동 및 가상놀이 형태가 나타나게 된다.

③ 사회 · 정서발달

자신의 것과 타인의 것을 정확하게 구분하지는 못하지만 소유개념이 발달한다. 자기중심적이지만 점차로 자기 통제력이 증진되면서 잠깐 동안 차례를 기다릴 수 있고 간단한 협동놀이도 할 수 있게 되며 정서와 감정의 통제능력이 발달한다. 이 시기에는 독립심도 발달하여 성공의 경험을 통해 성취감을 맛보게 된다.

④ 언어발달

어휘가 폭발적으로 증가하는 시기이다. 자율성이 증가하면서 '내가 할거야.' 라는 말을 자주 하며 '안돼', '하지마.' 등의 부정문이 나타나게 된다.

(2) 2세에서 3세 유아의 놀이

소근육과 인지능력이 발달하면서 창의적인 놀이 활동이 나타난다. 밀가루를 반죽해서 여러 가지 모양을 만들어 보기도 하고 다양한 방법으로 블록을 쌓기 시작한다. 큰 구슬 꿰기와 함께 작은 구슬 꿰기도 할 수 있다. 가상놀이를 할 때에도 표상기술이 발달하여 연속적인 활동을 할 수 있는데, 엄마 놀이를 하면 인형을 아기라고 생각하여 인형을 씻겨 주고, 침대에 데려다 주고, 재워 주는 활동들이 연속적으로 일어난다. 초보적인 수 개념이 발달하여 짝짓기, 분류, 순서짓기, 패턴 만들기와 같은 놀이를 한다. 예를 들어, 큰 것에서 작은 것끼리 놓아보기, 짧은 것에서 긴 것까지 놓아보기 등의 놀이를 한다. 36개월 정도가 되면 두 가지 준거에 따른 분류활동이 나타난다. 예를 들어, 모양과 색의 두 가지 준거에 따라 분류하기 등의 놀이를 한다. 팝업북과 같은 그림책을 즐긴다. 놀이를 할 때에는 또래와의 상호작용에 관심을 보이게 되어 친구의 놀이를 관찰하는 행동을 보인다.

(3) 2세에서 3세 유아의 놀잇감

이 시기 유아에게 적절한 놀잇감으로는 대근육 발달을 돕는 끌고 다닐 수 있는 어린이용 유모차, 흔들목마, 볼링 놀이도구, 페트병이나 분유통으로 만든 굴리기 놀잇감, 터널 등의 놀잇감이 있다. 소근육 및 탐색을 돕기 위해서는 물놀이 도구, 커다란 볼트와 너트, 자석판, 인형 옷 입히기 놀잇감, 열쇠로 조작하는 놀잇감, 끈 꿰기 도구, 작은 구슬 꿰기 도구, 도미노 카드, 동물모형들을 사용할 수 있다. 또한 색종이와 안전가위는 만들기 놀잇감으로 사용할 수 있다. 탬버린, 캐스터네츠, 트라이앵글 등과 같은 리듬악기는 다양한 소리를 탐색하고 리듬감을 익히는데 유용하다. 손 인형, 각종 인형, 자동차 모형, 나무 모형, 동물모형과 같은 각종 모형 놀잇감들은 쌓기놀이와 가상놀이에 유용하며 동요테이프, 손유희나 율동 동영상 자료 및 의성어와 의태어가 있고 언어패턴이 반복되는 그림책은 어휘발달과 표현력의 발달에 효과적이다.

[그림 30] 흔들말을 타는 유아들

2) 3세에서 5세 유아의 발달과 놀이, 놀잇감

(1) 3세에서 5세 유아의 발달 특성

① 신체 · 운동발달

달리다가 방향을 바꿀 수 있을 정도로 정교한 달리기를 할 수 있다. 위에서 아래로 뛰어내리는 것을 즐기며 평균대, 철봉과 같이 기구를 이용한 놀이를 다양한 형태로 할 수 있을 정도로 대근육이 발달하고 젓가락을 사용하고 혼자 옷을 입을 수 있을 정도로 소근육 능력이 향상된다.

② 인지발달

초보적인 수학개념의 학습이 가능해진다. 분류, 서열화, 합리적인 수세기, 1:1 대응시키기를 할 수 있다. 간단한 셈하기와 측정하기도 가능하며 분수개념도 알게 된다. 전 논리적인 사고를 하기 때문에 현실과 실제를 명확하게 구분하지 못하는 특성들을 가지고 있어서 공상을 즐기고 자아중심적으로 사고한다.

③ 사회 · 정서발달

또래들과 하는 놀이를 즐기고 또래들과 함께하는 극놀이에 관심을 보인다. 감정 표현에 대한 지연능력이 발달하게 되어 화를 참을 수 있다. 3~4세경이 되면 유아는 기쁨, 슬픔, 분노, 놀람 등의 비교적 단순한 정서와 이들 정서를 야기하는 원인에 대한 이해도 증가한다. 꾸중을 들었을 때와 같은 상황에서 이야기 속의 주인공이 어떤 정서적 경험을 할 것인가를 예측할 수 있다.

④ 언어발달

문장의 길이와 어휘력이 증가하고 책읽기를 즐겨서 더 많은 글이 있는 그림책을 읽을 수 있다. 자신의 생각을 언어로 표현하고 간단한 토의에도 참여할 수 있으며, 읽기와 쓰기에 관심을 갖는다.

(2) 3세에서 5세 유아의 놀이

대근육이 발달하여 평균대 건너가기, 철봉에 매달리기, 정글짐 오르기, 두발자전거 타기를 한다. 또한 소근육발달이 발달하여 다양한 창작활동을 많이 한다.

폐품을 이용해서 만들거나 주변에 있는 여러 가지 나뭇잎, 돌멩이, 실, 다양한 자료를 활용해서 창작물을 구성한다. 인지와 사회 정서 능력이 발달함에 따라 복잡한 스토리와 주제를 가진 역할놀이 및 여러 가지 주제의 가장놀이가 나타난다. 이발소놀이, 미용실놀이, 엄마 · 아빠놀이, 병원놀이 등을 한다. 수학 및 과학 개념이 발달하면서 관찰하고 탐색하는 모습들이 많이 관찰되며 분류, 서열화, 수세기, 측정, 그래프 활동들이 나타난다. 읽기와 쓰기 능력도 발달하여 다양한 자료를 읽고 써 보려는 놀이 활동들이 나타난다.

[그림 31] 오르기 놀이도구에서 놀이하는 유아들

(3) 3세에서 5세 유아의 놀잇감

평균대와 튀어오르는 흔들말, 줄넘기, 두발자전거와 같은 놀이 기구들과 가벼운 방망이로 된 스포츠 도구 등이 정교한 움직임의 발달을 돕는데 적절하다. 탐구활동을 돕기 위해서는 계량컵, 프리즘, 확대경 등과 같은 과학활동을 할 수 있는 도구들과 함께 사물에 대한 호기심을 해결할 수 있는 지식이 담겨 있는 정보책이 유용하다. 자연물과 같은 창작공예 놀잇감과 퍼즐, 다양한 게임도구, 유아 스스로 조작할 수 있는 손인형, 동요 CD, 그림책 등이 유용하며 한편으로 유아 스스로 만든 놀잇감도 이 시기 유아들에게 좋은 놀잇감이 된다. 이 시기에는 상상력이 증가하므로 유아의 상상력을 자극하고 다양한 어휘를 획득할 수 있도록 돕는 놀잇감이 적합하다.

3. 놀잇감의 선택

수많은 놀잇감들 중에서 영유아들에게 놀잇감을 제공할 때에는 다음과 같은 준거를 활용하여 놀잇감을 제공할 수 있다.

첫째, 놀이자료는 영유아의 흥미를 유발할 수 있는 것이어야 한다. 놀이자료의 색깔, 형태, 크기, 독특성 등에 의해 먼저 영유아는 흥미를 갖게 된다. 그러나 흥미를 계속 유지하게 하는 요인은 놀이자료를 사용할 수 있는 다양한 방법과 영유아의 발달 및 사전 경험과 관련이 있어야 한다는 점을 고려한다.

둘째, 놀이자료는 융통성이 있어야 한다. 융통성이 있다는 의미는 놀이자료를 한 가지 용도 이상의 다양한 목적으로 사용할 수 있으며 연령의 제한 없이 사용할 수 있다는 것이다. 융통성이 높은 자료의 예료는 블록류, 미술자료, 자연물 등을 들 수 있다.

셋째, 놀이자료는 무엇보다 안전해야 한다. 놀이자료가 쉽게 망가지지는 않는가? 페인트에 독성이 없는가? 놀이자료의 모서리 등이 너무 뾰족하지 않은가? 놀이자료를 쉽게 닦을 수 있는가? 손가락, 발가락 그리고 머리카락이 낄 위험은 없는가? 등의 놀이자료의 안전과 관련한 질문을 고려해야 한다.

넷째, 놀이자료는 견고해야 한다. 쉽게 부서지는 놀이자료는 영유아에게 좌절감을 줄 뿐더러 경제적으로도 손실이다. 놀이자료 구입 시 약하고 파손된 부분을 신중하게 검사하고 쉽게 소모되는 건전지가 포함되어 있는 장난감은 피하는 것이 좋다. 영유아를 위한 놀이자료는 물리적으로 영유아의 무게를 지탱할 수 있는 것이어야 한다.

다섯째, 대 · 소근육을 발달시킬 수 있는 놀잇감이 적절하다. 영유아기는 발달이 급속도로 일어나는 시기이다. 오르고, 뛰고, 당기고, 밀고, 신체균형을 맞추는 등의 대근육 활동을 고무시키는 놀이자료를 마련해야 한다. 영유아들의 소근육과 눈과 손의 협응력을 발달시키는 것 역시 중요한 일이다. 구슬, 나무못판, 퍼즐, 블록 등의 자료들은 유아의 소근육 발달을 고무시킬 수 있는 자료들이다. 크레용, 사인펜 등의 미술자료들도 쓰기 능력의 기초가 되는 소근육 능력을 발달시키는데 유용하다.

여섯째, 타인과의 사회적 상호관계를 강화시킬 수 있는 놀이자료를 선택하는 것이 좋다. 소꿉놀이 자료, 다양한 의상, 블록 등은 유아들로 하여금 또래들과 함께 놀이하기를 즐기도록 한다. 이러한 자료들은 상호 협력하여 놀이를 하도록 할 뿐 아니라 역할을 분담하여 참여하는 사회극적놀이 활동을 유도하기도 한다. 유아들은 놀잇감을 매개로 타인의 의견을 고려하고 협상하면서 사회성을 발달시켜 간다.

일곱째, 주위세계를 인식하고 인지능력을 강화할 수 있는 놀이자료를 선택하는 것이 좋다. 인지능력과 학업과 관련한 기초 기술을 자극할 수 있는 놀이자료의 제공이 필요하다. 유아들에게 제공하는 다양한 도서들은 주변 세계에 관한 정보를 제공하고 상상력을 키우며 문자에 관심을 갖도록 하는데 유용하다. 도서를 선택할 때에 교사는 유아들의 어휘력과 사전 경험 등을 고려해야 한다.

여덟째, 유아의 상상력과 창의적 사고를 증진시킬 수 있는 놀이자료의 선택이 필요하다. 물감, 핑거 페인팅 도구, 점토, 모래, 물, 작은 인형 및 모형 등의 자료는 유아들이 상상의 세계를 표현하도록 돕는다. 그러나 유아의 상상력과 창의성을 고무시키기 위해서는 교사 주도의 놀이 활동보다는 유아 스스로의 활동을 격려하고 촉진하는 교사의 지도가 함께 일어나야 한다.

Chapter 04

놀이 환경과 교사의 역할

1. 놀이 환경
2. 교사의 역할

1. 놀이 환경

놀이 환경은 물리적 환경과 인적 환경 모두를 의미하는데, 여기에 소개하고 있는 환경은 물리적 환경을 의미한다. 물리적 환경은 유아의 놀이행동에 직접 · 간접적으로 영향을 미치므로 유아의 놀이에 중요한데, 구체적으로 놀이 환경이 유아에게 미치는 영향은 다음과 같다.

첫째, 놀이 환경은 유아의 놀이 시간에 영향을 미치게 된다. 잘 짜여진 놀이 공간은 유아가 놀이를 지속하도록 하는데 영향을 준다.

둘째, 놀이 환경은 유아의 놀이 질에 영향을 미치게 된다. 유아가 소꿉놀이를 계획하였고 이에 필요한 놀잇감이 적절하게 배치되어 있다면 놀이는 더욱 활성화된다. 또한 유아가 병원놀이를 할 때 놀이를 위해 필요한 의자나 침대를 만들 수 있도록 쌓기 영역이 인접해 있다면 유아는 더욱 놀이에 집중할 수 있게 된다.

유아를 위한 놀이 환경이 적절하게 구성이 되어 유아가 즐겁게 놀이를 하게 되면 교사도 즐겁게 활동할 수 있다. 프레스콧(Presecott, 1984)은 유아를 위한 놀이 환경이 갖추어야 하는 요건을 다음의 〈표 4〉와 같이 제시하였다.

표 4 놀이 환경의 요건

①	**개방성** 놀이방법이 다양함 쌓기놀이, 모래놀이	↔	**폐쇄성** 놀이 방법이 고정적 퍼즐 맞추기
②	**단순성** 조작하고 변경하기 어려움 미끄럼틀	↔	**복잡성** 조작하고 변경하기 용이함 블록, 미니 자동차, 텐트

③	**활동성** 대근육 중심의 움직임 뛰기, 자전거 타기	←→	**비활동성** 소근육 중심 퍼즐 맞추기, 구슬 꿰기
④	**집단놀이** 여러 명이 함께 놀이함 소꿉놀이	←→	**단독놀이** 혼자 놀이함 퍼즐 맞추기
⑤	**부드러움** 부드러운 감각 경험 카펫, 봉제인형, 찰흙	←→	**딱딱함** 딱딱한 감각 경험 콘크리트 바닥, 책상, 의자
⑥	**접촉** 다른 유아와 놀이접촉이 빈번함	←→	**은둔** 구석진 곳에서 혼자서 놀이함
⑦	**도전** 도전적임	←→	**안전** 안전하게 놀이함

놀이 환경을 계획할 때에는 개방성과 폐쇄성, 단순성과 복합성, 활동성과 비활동성, 집단놀이와 단독놀이, 부드러움과 딱딱한, 접촉과 은둔, 도전과 안전의 요인을 모두 고려하여 조화로운 환경이 되도록 구성한다. 예를 들어, 놀이 환경은 기본적으로 안전해야 하지만 안전하기만 한 공간은 유아들의 탐색 욕구 및 도전 욕구를 억제할 수도 있다. 다른 영유아들과의 상호작용은 활발하게 일어나야 하지만 때때로 영유아들은 자신만의 공간에서 혼자놀이를 즐긴다. 영유아들의 다양한 욕구를 고려하여 환경을 조성한다.

1) 실내놀이 환경

실내놀이 공간은 놀이 활동이 잘 일어날 수 있도록 놀이 영역을 구성한다. 적절하게 분할된 놀이 영역은 영유아들이 놀이 활동에 집중할 수 있도록 돕고 또래 및 교사와 더욱 친밀하게 상호작용할 수 있도록 돕는다. 놀이 영역을 구성하기 위해 고려해야 하는 놀이 영역의 구성 준거와 연령별 놀이 영역 구성을 살펴본다.

(1) 실내놀이 환경의 구성 준거

실내놀이 환경을 구성할 때에는 놀이 영역을 고려해야 한다. 놀이 영역의 각 영역들은 영역에 따라 창의적인 놀이를 조장할 수 있는 교구와 장비들을 비치하고 있으며, 조용한 놀이와 활동적인 놀이 및 혼자놀이와 집단놀이 사이의 균형을 제공한다. 무엇보다 놀이 영역의 배치는 영유아들이 자발적으로 놀이 활동에 참여할 수 있도록 유도한다는 데 의의가 있다.

프로스트와 키신저(Frost & Kissinger, 1976)에 따르면 실내 환경을 구성할 때에는 물이 필요한 영역인지의 여부와 활동적인 영역인지의 여부에 따라 실내 환경을 구성할 수 있다. 다음의 〈표 5〉는 준거에 따라 어떻게 흥미 영역이 배치되는가를 보여 준다.

표 5 흥미 영역의 배치 준거(Frost & Kissinger, 1976)

제 1 영역 : 물이 필요하지 않고 정적인 활동 영역. 도서, 언어	물이 필요하지 않은 곳	제 2 영역 : 물이 필요하지 않고 동적인 활동 영역. 쌓기, 음률
정적		동적
제 3 영역 : 물이 필요하며 정적인 활동 영역. 과학, 창작놀이	물이 필요한 곳	제 4 영역 : 물이 필요하며 동적인 영역. 물, 모래놀이

모든 영유아교육기관의 실내 환경은 동일하지 않다. 창문의 위치가 다른가 하면

교구장 및 놀잇감의 수나 유형도 다르므로 교사는 현재의 실내 환경을 잘 살펴본 후 가장 적합한 실내 환경을 구성할 수 있도록 해야 한다. 더불어 흥미 영역의 구성과 함께 실내 환경을 구성할 때에는 다음과 같은 점도 고려하여 구성한다(김미애, 2004; 박찬옥, 정남미, 곽현주, 2009).

- 교구장은 놀잇감의 위치를 영유아가 눈으로 볼 수 있도록 개방적이어야 한다.
- 시끄러운 활동은 함께 모여서 하며 조용한 활동과는 떨어져 있어야 한다. 미술활동은 가능하면 자연 조명이 필요하고 물을 필요로 하는 놀이는 화장실과 가까이 있어야 한다. 또한 물을 사용하는 활동이 많은 영역은 물로 닦을 수 있는 바닥이어야 한다.
- 이용 가능한 공간과 어떤 활동이 이루어지는 지를 알려주는 명확하게 설정된 경계가 있어야 하며 분명한 통로가 있어야 한다. 진행 중인 활동을 방해하지 않고 영역을 드나들 수 있는 길도 있어야 한다.
- 흥미 영역은 그 곳에서 놀이할 영유아들을 수용할 수 있는 충분한 공간이 있어야 하며, 바닥의 1/3에서 1/2 정도는 교구장이나 교구가 없는 빈 공간으로 있어야 한다. 교재는 사용될 장소 가까이 보관되어야 하며 보관 및 활동공간은 눈으로 쉽게 볼 수 있어야 한다.
- 영유아들이 성인에게 의지하지 않고도 어떤 활동을 해야 하는지를 알 수 있어야 하며, 영유아들에게 어떤 행동이 기대된다는 것을 전달할 수 있어야 한다. 영유아의 수와 활동의 수준을 알려줄 수 있도록 배열한다.
- 놀이 영역의 수는 영유아의 연령과 발달수준, 교실 내 유아의 수, 프로그램 목적 등을 고려하여 결정한다.

(2) 연령별 실내놀이 환경의 구성

연령에 따라 발달 특징이 다르기 때문에 안전하고 즐겁게 놀이할 수 있는 실내 환경은 연령에 따라 달라야 한다. 영아들을 위한 실내 환경은 다양한 감각적 경험을 할 수 있도록 구성되어야 하며 유아기는 영아기에 비해 인지 능력이 발달하므로 학습 경험을 할 수 있도록 실내 환경이 구성될 필요가 있다.

① 영아들을 위한 실내놀이 환경 구성

영아기는 성인의 보호를 요구하면서도 자발적으로 행동하려는 욕구로 인해 움직임이 많으므로 영아를 위한 실내놀이 환경은 위생과 안전이 기본이 되어야 한다. 아늑하고 안정된 공간 조성으로 정서적 · 심리적 안정감을 제공하면서도 영아기의 탐색 욕구를 충족시킬 수 있는 영역구성이 필요하다. 이를 기반으로 영아를 위한 놀이 영역 구성을 살펴보면 다음과 같다.

- **역할놀이 영역** : 영아에게 친숙한 경험을 표상하여 놀이할 수 있도록 구성한다. 주로 일상생활의 경험을 바탕으로 하는 놀이인 소꿉놀이, 병원놀이 등을 할 수 있도록 놀잇감을 배치한다. 역할놀이 영역에 배치하는 놀잇감은 실제와 유사한 모습을 갖는 것이 좋다. 사실적인 인형이나 사실적으로 보이는 가구, 소꿉 그릇 등을 배치한다.

- **쌓기놀이 영역** : 여러 종류의 블록을 탐색하고 단순한 블록놀이를 하는 시기로 단순한 탑쌓기, 한 줄로 세워 도미노 놀이하기, 울타리 만들기 등의 놀이를 할 수 있도록 구성한다. 종이벽돌 블록과 같이 기본 형태의 가벼운 블록을 충분히 배치하도록 한다.

- **조작놀이 영역** : 영아는 점차 소근육이 발달하며 끼우기, 맞추기 등의 조작놀이를 한다. 동물 퍼즐 맞추기, 모양 끼우기, 큰 구슬 꿰기 등의 놀이를 하므로 이 영역에는 적당하게 나누어진 퍼즐 조각과 여러 가지 끼우기 놀잇감이 필요하다.

- **창작놀이 영역** : 영아들은 긁적이며 그림을 그리기 시작하고, 그림을 색칠하고, 종이를 찢고, 점토를 주무르며 즐거워한다. 벽에 붙여 놓은 크레파스로 그림을 그리기도 하고, 선을 긋기도 하고, 점토를 쿡쿡 눌러 보기도 하며 놀이를 한다. 따라서 미술 영역에서는 크레파스를 포함하여 여러 가지 그리기 도구, 신문지와 같은 재활용품, 다양한 재질의 종이류, 점토 등을 제공한다.

- **운동놀이 영역** : 움직임에 대한 욕구가 충족이 되도록 실내에서도 대근육 운동 놀이를 할 수 있도록 구성한다. 낮은 오르기 도구, 미끄럼틀, 계단, 흔들배, 탈 수 있는 놀잇감, 밀고 당기는 놀잇감 등을 제공한다. 음악을 들으며 즐거운 몸짓을 하므로 여러 가지 악기와 율동을 즐길 수 있도록 음악 CD 등을 구비한다.

- **언어놀이 영역** : 휴식과 안정을 취하면서 그림책을 보거나 교사, 친구와 대화할 수 있도록 흔들의자, 쿠션 등을 준비한다. 스스로 그림책을 선택하여 넘기면서 그림에 관심을 보이거나 성인에게 도움을 청하여 함께 읽기도 하는 등 그림책에 관심을 보이므로, 반복되거나 친숙한 내용의 짧고 단순한 이야기, 선명한 색깔과 단순한 형태의 그림책, 입체책, 헝겊책 등을 언어 영역에 배치한다. 그림책을 스스로 선택할 수 있는 기회를 제공하기 위해 그림책은 표지의 전면이 보이도록 전시한다. 문해활동을 위해 손에 묻지 않는 크레파스 등을 주어 끼적거릴 수 있는 경험을 제공한다.

② 유아를 위한 실내놀이 환경의 구성

유아기는 영아기에 비해 대 · 소근육이 발달할 뿐만 아니라 인지능력이 발달하여 주변 환경을 인지적 호기심을 갖고 탐구하려고 한다. 운동능력 및 인지능력을 다양하게 활용하고 시험하며 도전해 볼 수 있도록 영아기에 비해 보다 다양한 놀이 영역의 조성이 필요하며 특별히 수 · 과학놀이 영역과 같이 탐구력을 자극하는 놀이 영역이 필요하다. 한편으로는 또래끼리의 상호작용을 격려하는 놀이 환경 조성이 필요하다.

- **역할놀이 영역** : 여러 가지 역할을 가작화하는 놀이를 많이 하므로 동적인 놀이 영역과 인접하여 배치하며 쌓기놀이 영역과 가깝게 배치하면 두 영역의 놀이가 통합적으로 일어날 수 있기 때문에 효과적이다. 다양한 의상과 소품들이 제공되면 유아들의 역할놀이 활동이 더욱 풍부하게 일어날 수 있다.

- **쌓기놀이 영역** : 쌓기놀이 영역은 활동적이며 소음이 발생하는 영역이므로 정적놀이 영역과는 떨어진 곳에 배치한다. 공간을 넓게 확보하여 유아가 공간의 제한을 받지 않고 쌓기놀이를 할 수 있도록 한다. 다만 다른 활동을 하고 있는 아이들을 방해하지 않기 위해 교구장으로 둘레를 막아 주거나 부분 카펫, 종이테이프로 경계를 구분짓는 것이 필요하다. 다양한 종류의 블록과 함께 놀이가 확장될 수 있도록 다양한 사람과 사물의 모형을 제공한다.

- **수 · 조작놀이 영역** : 유아가 활동에 몰두할 수 있도록 조용한 장소에 배치한다. 혼자서 혹은 소집단으로 활동할 수 있도록 책상과 의자를 배치한다.

- **과학놀이 영역** : 조용하고 햇볕이 잘 들며 물을 쉽게 구할 수 있는 곳에 배치하는 것이 좋다. 또한 전기 기구나 각종 실험 기구를 안전하게 사용할 수 있도록 유아의 왕래가 많지 않은 곳에 조성하는 것이 효과적이다.

- **언어놀이 영역** : 방해를 받지 않고 안정된 분위기에서 읽고, 쓰고, 말하고, 듣는 놀이를 할 수 있도록 배치한다. 동적놀이 영역과는 떨어져 있으며 유아

의 왕래가 많지 않은 곳에 배치하는 것이 바람직하다. 주로 활자화된 자료를 사용하므로 밝은 곳에 위치하며 편안하게 앉을 수 있는 의자나 쿠션을 준비하는 것이 좋다.

- **미술놀이 영역** : 미술놀이는 활동을 하면서 손이 더러워지기 쉽기 때문에 수돗물 가까이에 배치하는 것이 좋으며 바닥에는 비닐을 깔아서 청소하기 편리하도록 할 수 있다. 개별 활동도 일어나지만 공동의 작업도 할 수 있으므로 영역의 공간이나 배치를 필요에 따라 조정하도록 한다. 작품을 말리거나 보관, 전시할 수 있는 공간과 시설이 확보되어야 한다.

- **음률놀이 영역** : 음률 영역에서 발생하는 소리와 움직임으로 인해 다른 영역에서 활동하는 유아들이 방해받지 않도록 특별히 배려할 필요가 있다. 정적 놀이 영역과 떨어진 곳에 배치하고 유아가 자유롭게 움직일 수 있도록 넓은 공간을 조성해 준다. 바닥에 카펫을 깔면 어느 정도 소음을 방지할 수 있다.

- **운동놀이 영역** : 대근육을 많이 활용하는 운동놀이는 따로 영역을 정하기보다는 음률놀이 영역과 함께 배치하거나 필요에 따라 넓은 바닥 공간을 만들어 주어 활동하도록 하는 것이 좋다.

- **물 · 모래놀이 영역** : 물 · 모래놀이 영역은 실내에 설치할 수도 있고 실외에 설치할 수도 있다. 실내에 설치할 경우 수도 시설이 가까우며 통로를 피하여 배치한다.

2) 실외놀이 환경

실외 공간은 활발한 신체 · 운동이 이루어지는 장소로 그 기능을 제한시켜 생각하는 경우가 많지만 실외 공간 또한 실내와 마찬가지로 영유아의 전인적인 성장·발달을 촉진시키는 복합적인 기능을 수행하는 장소가 되어야 한다. 전통적인 실외 공간은 대부분 고정화된 놀이 기구로 이루어진 놀이터로 이러한 놀이터는 대근육 활동만을 격려하고 있어 영유아들이 놀이터에 싫증을 내게 하는 원인이 되기도 한다. 현대적이고 창의적인 활동을 격려하는 실외놀이 환경에서는 영유아의 다양한 놀이 활동이 이루어지고 그 안에서 영유아들이 전인적 발달을 이룰 수 있도록 고안되어야 한다.

(1) 실외놀이 환경의 기능과 구성 준거

실외놀이 환경은 자연물과 인공물이 어우러져 영유아를 위한 가장 좋은 놀이 환경이 되곤 하는데, 그 기능을 살펴보면 다음과 같다.

① 실외놀이 환경은 영유아가 마음껏 뛰어놀 수 있는 공간이다. 실내 공간은 소음의 발생이나 뛰고 달릴 수 있는 공간의 부족으로 유아의 대근육 활동에 제약을 받게 된다. 이에 반해 실외놀이는 영유아가 마음껏 뛰며 신나게 이야기 나눌 수 있는 공간이다.

② 실외놀이 환경은 영유아가 조용한 놀이를 할 수 있는 공간이다. 나무 그늘이나 의자와 같은 실외놀이 환경은 앉아서 책을 볼 수 있도록 하며 넓은 놀이 바닥은 물 그림을 그릴 수 있는 공간이 된다. 따라서 실외놀이 환경은 영유아에게 쉴 수 있는 공간이 된다.

③ 실외놀이 환경은 영유아가 풍부한 체험을 할 수 있는 공간이다. 실내 공간에 비해 실외놀이 환경은 자연물을 통해 다양한 경험을 할 수 있다. 특히 영유아는 자연의 변화를 직접 보고, 듣고, 냄새 맡는 과정에서 스스로 학습한다.

④ 실외놀이 환경은 영유아들이 다양한 사회적 관계를 맺을 수 있는 공간이다. 차례를 지켜 미끄럼틀을 타고, 서로 마주 앉아 시소를 타기도 한다. 협력하며 놀이하면서 사회적 능력도 발달하게 된다.

실내놀이와 더불어 적절한 실외놀이는 심신의 건강에 도움을 준다. 영유아들이 안전한 실외놀이 환경에서 즐겁게 놀이할 수 있는 기회를 제공해야 하는데 실외놀이 환경을 구성할 때에는 다음의 구성 준거를 참고한다(박찬옥, 2006).

- 동적 활동 영역과 정적 활동 영역으로 구분한다.
- 바닥은 단단한 표면과 부드러운 표면간의 균형이 이루어지도록 한다.
- 양지 영역과 함께 그늘진 영역도 마련한다.
- 시각적으로 분명히 구분된 통로가 있어야 한다.
- 빈 공간을 마련해 두도록 한다.
- 실외 창고를 두도록 한다.

(2) 연령별 실외놀이 환경의 구성

① 영아를 위한 실외놀이 환경의 구성

영아를 위한 실외놀이 환경은 성인의 감독이 용이해야 하며, 움직일 수 있는 기회가 많이 제공되어야 하며, 비상상황(예를 들어 기저귀 갈기, 응급 상자 필요 등)에 대비하여 영아반과 가까운 곳에 놀이터가 있어야 한다(Johnson, Christie & Wardle, 2005).

② 유아를 위한 실외놀이 환경의 구성

유아를 위한 실외놀이 환경은 소근육과 대근육이 발달할 수 있도록 다양한 놀잇감을 제공해야 한다. 구체적으로 살펴보면 다음의 〈표 6〉과 같다.

표 6 실외놀이에 따른 환경 구성 요소

놀이	환경의 구성
신체놀이	그물, 사다리, 평균대, 그네 등
사회놀이	끌차, 모래놀이 도구, 조용한 공간
구성놀이	모래놀이 도구, 나무조각, 볼트, 나사 조이는 기구 등
역할놀이	일반적인 형태의 건물, 요새, 소품
생태놀이	동물, 식물

(3) 실외놀이 환경에서의 안전

실외놀이터에서 영유아의 안전은 중요한 요소이다. 실외놀이 환경은 영유아의 발달에 적합한 놀이 시설물을 설치해야 하며, 충격을 흡수하는 바닥재를 설치해야 한다. 또한 정기적으로 실외놀이터의 안전을 점검해야 하는데 구체적인 점검 내용은 다음과 같다.

① 놀이 시설물의 확인

- 시설물에 돌출 부분, 뾰족한 끝이나 날카로운 모서리가 있는지 확인한다.
- 시설물이 훼손된 부분이 있는지 확인한다. 조각이 났거나 부식되었거나 균열이 있는지를 꼼꼼하게 확인한다.
- 시설물을 연결하는 죔쇠나 시설물간의 틈새를 확인한다.
- 시설물의 표면이 금속인 경우 화상의 위험이 있을 수 있으므로 확인한다.

② 놀이 시설물 주변의 확인

- 시설물 주변이 미끄럽거나 위험한 축대가 있는지 확인한다.
- 유해한 식물이나 곤충이 있는지 확인한다.

- 전기시설로 인해 감전사고 등이 일어날 수 있는지 확인한다.
- 유리 조각이나 돌멩이가 있는지 확인한다.

실외 환경에서 일어날 수 있는 안전사고에 대비하여 유아에게 체계적인 안전교육을 실시한다. 영유아가 실외놀이 공간으로 가기 위한 준비과정에서 주의해야 할 점과 실외놀이에서 지켜야 하는 안전규칙에 대해 알려 준다. 또한 영유아에게 놀잇감의 명칭과 올바른 사용법에 대해 알려주어 안전사고를 예방할 수 있도록 한다.

2. 교사의 역할

1) 놀이지도의 의의

놀이지도란 좁은 의미에서는 성인이 유아의 놀이에 직·간접적으로 참여하는 것을 의미하나 넓은 의미에서는 유아의 놀이를 관찰, 계획, 그리고 평가하는 모든 놀이 참여 과정을 의미한다.

성인의 놀이지도는 유아의 놀이를 더욱 심화시키거나 또는 방해가 될 수 있다는 점에서 찬반이 있어 왔다. 정신분석학적 측면에서 보면, 유아의 놀이에 성인이 개입하게 되면 놀이에서 유아가 자유롭게 자신의 정서를 표현하는데 어려움을 겪을 수 있으므로 자연스럽게 놀이할 수 있는 환경을 조성해 주고 최대한 허용적인 놀이 분위기를 만들어 주는 것이 필요하다. 그러나 인지발달적 측면에서 보면 놀이가 영유아의 인지발달 및 사회성 발달에 미치는 영향이 상당하므로 놀이에 교사가 개입하는 것이 필요하다. 교사가 놀이에 개입함으로써 영유아의 인지적 능력과 사회적 능력이 확장될 수 있기 때문이다. 특히 비고츠키(Vygotsky, 1978)의 근접발달지대 개념은 성인과의 상호작용이 활발하게 일어날 수 있는 상황이 놀이이므로 영유아의 놀이에 교사의 개입이 필요하다는 점을 환기시킨다.

놀이지도의 필요성을 주장하는 연구자들은 다음과 같은 근거를 제시하여 놀이지도가 필요하다고 주장하였다(신은수, 김명순, 신동주, 이종희, 최석란, 2002, 재인용). 첫째, 유아의 놀이에 교사가 참여하는 것은 유아의 발달과 학습에서 놀이의 중요성과 그 가치를 이해하고 인정하는 것이다. 둘째, 놀이하는 동안 일어나는 교사와의 긍정적인 상호작용 경험은 유아들에게 좀 더 안정적인 애착을 형성시켜 준다. 셋째, 유아가 교사와 함께 놀이하게 되면 놀이가 인지적으로, 사회적으로 수준 높은 놀이가 될 가능성이 높아지고 놀이 지속 시간이 증가된다. 넷째, 교사는 유아의 놀이에서 또래들 간의 관계를 조정하여 유아가 다른 유아들과 잘 지낼 수 있는 성공적인 사회적인 기술을 지도할 수 있다.

2) 놀이개입

스피델(Spidell, 1985)에 의하면 영유아의 놀이상황에서 교사의 개입이 필요한 때는 놀잇감을 잘못 사용하거나 다른 친구들에게 피해를 주는 등 규칙을 위반할 때, 혼자 고립되어 놀이에 참여하지 못할 때, 교사에게 개입을 요구할 때, 놀이관찰을 통해 영유아의 놀이를 확장시킬 필요가 있을 때라고 한다. 그러나 교사의 개입이 언제나 영유아의 놀이에 도움이 되는 것은 아니다. 영유아의 놀이를 지나치게 구조화하고 놀이에서의 규칙을 강요하며 교사가 원하는 방식으로 놀이를 전개하는 것은 유아가 즐겁게 놀이하며 학습할 기회를 박탈한다.

놀이를 하며 영유아들과 상호작용할 때 교사는 다양한 역할을 수행하게 되는데 교사의 역할은 비참여자에서 완전한 놀이지배까지 연속선을 형성한다. 비참여자, 관객, 무대 관리자, 공동 놀이자, 놀이 지도자, 감독자가 그것인데 각각의 역할을 살펴보면 다음과 같다(이진희, 손원경, 안효진, 유연옥 역, 2009).

(1) 비참여자(uninvolved)

어떤 교사는 교실에서 일어나고 있는 놀이를 무시한다. 놀이 시간을 잡담을 하거나 다른 활동을 준비하는데 사용한다. 교사가 비참여자의 역할을 택할 때 유아들은 운동놀이나 거친 신체놀이 활동을 많이 하는 경향이 있다.

(2) 관객(onlooker)

영유아의 놀이 활동을 감상하는 청중의 역할을 한다. 놀이 공간 근처에 위치하여 영유아들이 놀이하는 것을 바라보며 고개를 끄덕이거나 다른 비언어적 승인의 신호를 주며 때때로 영유아들에게 자신의 의견을 말한다. 그러나 관객은 놀이에 참여하지도 않으며, 진행 중인 활동을 향상시키거나 방해할 수 있는 어떠한 행동도 하지 않는다. 관객 역할을 하는 교사는 영유아의 놀이에서 어떤 일이 일어나고 있는지에 관한 정보를 알게 되며, 이러한 정보를 바탕으로 무대 관리자, 공동 놀이자, 놀이지도자와 같은 보다 직접적 형태의 개입이 언제 필요한지를 결정할 수 있다.

(3) 무대 관리자(stage manager)

관객처럼 무대 관리자로써 교사는 놀이에 참여하지는 않지만, 놀이 준비에는 적극적인 역할을 한다. 유아가 의상 및 소품을 만드는 것을 돕고 놀이 무대 장치를 조직하는 것을 지원하며 적절한 주제 관련 대본을 제안하기도 한다.

(4) 공동 놀이자(coplayer)

놀이에 적극적으로 참여한다. 유아의 놀이 파트너 역할을 하며 간단한 역할을 맡기도 한다. 교사는 대부분의 놀이 전개를 유아들이 주도하도록 하면서 극놀이의 흐름을 따른다. 보이지 않는 음식을 먹는 척하면서 사물 및 행위에 대한 가장 놀이의 모델이 되기도 하고 간단한 질문이나 의견개진으로 놀이의 진행에 영향을 미치기도 한다.

(5) 놀이 지도자(play leader)

유아의 놀이에 적극적으로 참여하며 공동 놀이자로 활동할 때보다 많은 영향력을 발휘한다. 새로운 놀이를 제안하여 놀이가 확장될 수 있도록 하기도 하고 유아들이 극놀이에 대한 흥미를 잃으면 이야기에 새로운 긴장 요소를 첨가하여 유아들이 다시 놀이에 집중하도록 돕는다.

(6) 감독자(director)

놀이의 통제권을 갖는다. 놀이할 때 어떻게 놀이해야 할지 일일이 말해 준다. 과도한 지시는 유아들의 놀이에 대한 흥미를 감소시킨다.

연속선상의 가운데에 있는 관객, 무대 관리자, 공동 놀이자, 놀이지도자의 역할은 놀이의 질을 높이고 놀이 관련 문해 활동을 장려하는데 효과적이지만, 비참여자나 감독자의 역할은 오히려 놀이 활동을 저해한다. 이렇게 교사의 놀이 개입이 적절할 수도 있고 부적절할 수도 있기 때문에 교사가 어떤 방식으로 영유아의 놀이에 개입하는 가는 놀이의 효과를 높이는데 중요한 요인이다.

이숙재(2001)는 특별히 자유놀이 시간에 효율적으로 영유아의 놀이를 지도하기 위해서는 교사가 계획자, 개입자, 관찰자, 관리자의 역할을 할 필요가 있음을 제안하였다.

첫째, 계획자의 역할을 수행하기 위하여 교사는 자유놀이 시간의 놀이 활동을 계획하고 그에 따른 적절한 환경 구성을 해야 한다. 영유아의 놀이를 확장시키고 발전시키기 위하여 놀이 활동과 관련한 다양한 사전 경험을 제공해야 한다.

둘째, 개입자의 역할을 위하여 영유아의 놀이에 개입하여 놀이를 촉진하고 확장시켜야 한다. 이를 위해 교사는 유아의 놀이를 가까운 곳에서 지켜보며 관심을 표시하고 영유아의 곁에서 병행놀이를 하거나 영유아의 놀이 파트너로 함께 공동놀이를 하기도 한다. 때로 교사는 놀이의 주도권을 갖고 놀이를 이끌거나 놀이방법을 가르칠 수 있고 놀이를 통한 유아의 학습을 위해 적절한 질문이나 제안을 하며 놀이에 개입할 수 있다.

셋째, 관찰자의 역할은 영유아의 놀이지도를 위한 시작점으로 놀이 관찰을 통하여 놀이를 확장시키고 발전시키기 위한 정보를 얻고 이를 토대로 놀이를 지원한다.

넷째, 관리자의 역할로 영유아들이 안전한 환경에서 편안한 마음으로 놀이를 할 수 있도록 관리를 한다. 영유아들에게 정서적인 지원을 하고 놀이 중 발생할 수 있는 여러 가지 갈등 상황을 해결할 수 있도록 중재하는 역할을 해야 한다. 영유아가 놀이 공간을 스스로 정리 정돈할 수 있도록 지도하고 놀이 환경을 지속적으로 관리해야 한다.

3) 놀이관찰

놀이에서 교사가 언제, 어떻게 영유아들의 놀이에 개입할 것인가를 결정하는 것은 놀이 관찰에 근거한다. 객관적인 놀이 관찰을 통해 교사는 영유아의 발달수준을 파악하고 놀이 활동을 잘 이해할 수 있게 되며 놀이 활동 및 환경을 계획하고 준비하는데 필요한 정보를 수집할 수 있다. 영유아의 놀이를 관찰하기 전에 먼저 다음의 세 가지를 고려할 필요가 있을 것이다.

첫째, 놀이 관찰의 목적 및 주제를 명확하게 한다. 교사는 개별 영유아의 발달특성을 파악하기 위해 놀이를 관찰할 수도 있고, 놀이에 따른 영유아의 흥미와 관심을 파악하기 위해 관찰을 할 수도 있다. 관찰 목적을 명확하게 해야 목표

행동을 관찰하기에 용이하다.

둘째, 관찰 목적을 정했다면 하루 일과 중 어떤 시간에 관찰할 것인지 어떤 놀이 행동을 관찰할 것인지를 구체적으로 정하여 관찰한다. 예를 들어, 놀이 활동의 관찰을 통해 소근육 발달을 진단해야 한다면 조작 영역에서의 관찰이 효율적일 것이다.

셋째, 어떤 관찰기록이 효과적인지를 검토한 후 관찰한다. 유아교육 현장에서 주로 쓰이는 관찰기록법에는 일화기록법, 행동목록법, 평정척도법이 있는데 어떤 관찰기록법이 적절한지 선택해야 한다. 만약, 영유아가 또래와 어떤 방식의 상호작용을 하는지를 진단하고 평가하고자 한다면 간단한 정보만을 제공하는 행동목록법이나 행위의 정도를 나타내는 평정척도법보다는 일화에 대한 서술적 기록인 일화기록법이 적당할 것이다.

(1) 일화기록법

일화기록법은 어떤 짧은 내용의 사건, 즉 일화에 대한 서술적인 기록으로 한 가지 행동이나 상황에 초점을 맞춘다(김지은, 김진숙, 1999). 일화기록법은 영유아 교육기관에서 가장 자주 사용되는 방법으로, 특별하게 정해진 양식이 없이 발달 규준표와 관련하여 처음 걷거나 한 발로 서거나 하는 등의 행동부터 특정 행동이나 상황에 초점을 맞추어 기록하기도 한다. 이 때 영유아의 행동을 순서대로 사실적이고 객관적으로 관찰하여 기록한다.

일화기록법은 유아들이 어떻게 말하고 행동하는지에 대해 좀 더 명확하고 분명하게 그 때의 상황을 기록으로 남길 수 있으며 다른 관찰 기록 방법에 비하여 실시하기가 간편하고 특별한 기록지가 필요 없다는 장점이 있으나, 관찰자가 원하는 행동을 표집하여 기록하므로 관찰자의 편견이 작용할 수 있으며 유아들의 행동 중 일부만을 기록하기 때문에 해석할 때 오류를 범할 가능성이 있다(황해익, 송연숙, 정혜영, 2003).

현장의 교사들은 일화기록법을 사용할 때 다음과 같은 어려움을 호소하고 있다 (박선희, 이경화, 2014).

> 저는 지금도 제가 하고 있는 일화기록을 한번 씩 살펴보면 대부분은 아이들이 싸우거나 울거나… 그런 경우가 많은 것 같아요. 진짜 싸웠을 때! 그런데 그것도 아이러니한 것이… 소위 못됐게 한 아이의 일화기록은 남기지만 당한 애 것은 그냥 비어 있고… 그래서 일화기록에는 조금 더 문제행동 위주로 많이 남겨지는 것 같아요.
>
> (3회차 포커스그룹인터뷰 중에서, 송교사, 2013년 12월 15일)

> 음… 튀는 행동을 하지 않거나, 말썽을 부리지 않거나, 아님 너무 조용하거나… 하는 아이들은 눈에 잘 들어오지는 않는 것 같아요. 말썽을 부리려면 확실히 부리고(웃으며) 뭐 친구관계가 좋으려면 확실히 좋고 하면 눈에 쏙 들어오는데 이것도 저것도 아닌 중간 쯤 하는 아이들은 보면 일화기록도 많이 없는 경우가 많아요.
>
> (최교사, 개인인터뷰, 2014년 1월 10일)

놀이관찰에서 일화기록이 의미를 갖기 위해서는 보다 체계적으로 일화기록이 시행되어야 한다. 정기적인 관찰과 더불어 일화기록에서 제외되는 영유아는 없는지 점검할 필요가 있을 것이다.

표 7 **일화기록 관찰지의 예**

일화기록 관찰지

1. 관찰대상: 생년월일: 성별:
2. 관찰기관: 관찰일:
   관찰시간:
   관찰장면:
   관찰행동:
   관찰자명:

3. 관찰내용

4. 관찰소감 및 관찰 내용 분석

(2) 행동목록법

행동목록법은 사전에 만들어진 행동목록을 가지고 관찰하는 행동이 나타나는지를 체크하는 방법으로, 특정한 기능이나 행동이 영유아에게 현재 있는지 없는지를 알 수 있다. 영유아의 현재 상태를 평가하여 단순히 '예', '아니오'의 형태를 기록하기 때문에, 행동목록법은 사건이나 행동 발생 여부에만 관심이 있을 때에 사용하는 것이 바람직하다. 행동목록법은 현장에서 영유아의 행동을 평가하기 위한 방법으로 많이 사용될 뿐만 아니라 성별, 연령, 사회계층, 가족구조 및 생활양식 등의 배경정보를 얻는 데에도 유용하다. 가정환경 조사서나 영유아 발달점검표 등은 많은 경우 행동목록법의 양식을 띠고 있다(홍순정, 최석란, 2010).

행동목록법은 관찰자가 특별한 훈련을 받지 않고도 관찰 대상의 행동을 단순한 방법으로 기록할 수 있으며 반복적 사용을 통해 유아 개인의 단계적인 발달상을 기록하고 관찰하는데 도움이 된다는 장점이 있지만, 행동의 출현 빈도나 지속성, 행동의 질적 수준에 대한 다양한 정보를 얻지 못한다는 단점이 있다(황해익, 송연숙, 정혜영, 2003).

표 8　행동목록법의 예(홍순정, 최석란, 2010)

소근육 발달 체크리스트

1. 관찰대상:　　　　생년월일:　　　　성별:
2. 관찰기관:　　　　관찰일:
   관찰시간:
   관찰장면:
   관찰행동:
   관찰자명:

____________지퍼를 채울 수 있다.
____________단추를 채울 수 있다.
____________신발끈을 묶을 수 있다.
____________구슬을 실에 꿸 수 있다.
____________가위를 사용하여 종이에 그려진 선을 따라 자를 수 있다.
____________붓으로 물감을 사용하여 그림을 그릴 수 있다.
____________플라스틱컵에서 다른 컵으로 물을 옮길 수 있다.
____________선을 따라 접을 수 있다.

(3) 평정척도법

어떤 행동의 질적인 특성을 관찰자의 판단에 따라 3~7점 사이의 수량화된 점수나 가치가 적힌 기록지에 평정하는 방법으로 일정 기간 영유아의 행동을 관찰한 후에 기록한다. 영유아의 현재 행동을 이전의 행동과 비교할 때 유용하게 사용된다.

평정척도는 어느 정도의 추론이 요구되기는 하지만 사용하기가 편리하고 행동목록과는 달리 행동의 질도 평가할 수 있으므로 영유아 교육현장에서 매우 유용하게 쓰일 수 있다는 장점이 있으니, 관찰자가 나타내고자 하는 것을 정확하고 객관적으로 적은 항목을 개발하는 것이 쉽지 않으며 행동의 수준만을 기록하게 되므로 행동에 대한 원인이나 전후좌우 사정을 설명하지 못한다는 단점이 있다(황해익, 송연숙, 정혜영, 2003).

다음의 〈표 9〉는 코플란과 루빈(Coplan & Rubin)이 1998년에 개발한 The Preschool Play Behavior Scale(PPBS)를 조은옥이 연구를 위해 번안 · 수정한 것으로 유아의 놀이행동에 대한 평정척도의 예다. 유아의 비 놀이 행동, 단독-수동적 놀이행동, 단독-적극적 놀이행동, 사회적 놀이, 거친 놀이의 정도를 평가한다.

표 9 유아의 놀이행동에 관한 평정척도법의 예(조은옥, 2002)

놀이행동 평정척도

1. 이름: 생년월일: 성별:
2. 검사일:

다음은 유아의 놀이행동을 알아보는 문항입니다. 그 정도에 따라 답해 주십시오.

	전혀 그렇지 않다	조금 그렇다	많이 그렇다	매우 많이 그렇다
1. 다른 유아들과 이야기하면서 논다.	1	2	3	4
2. 혼잣말을 하면서 사물이나 장난감을 탐색한다.	1	2	3	4
3. 다른 유아들과 '거친' 놀이를 한다.	1	2	3	4
4. 놀이에서 방관자 또는 구경꾼의 역할을 한다.	1	2	3	4

5. 다른 유아들과 '가상놀이(소꿉놀이 등)'를 한다.	1	2	3	4
6. 집단놀이에 참여한다.	1	2	3	4
7. 혼자서 가장놀이(흉내놀이)를 한다.	1	2	3	4
8. 혼자서 블록이나 장난감 쌓기 등을 하면서 논다.	1	2	3	4
9. 이유 없이 소리 지르며 뛰어다닌다.	1	2	3	4
10. 다른 유아들과 집단을 만들면서 논다.	1	2	3	4
11. 혼자서 가상놀이(소꿉놀이 등)를 한다.	1	2	3	4
12. 놀이에 참여하지 않고 친구들이 하는 것을 보거나 듣는다.	1	2	3	4
13. 다른 유아들과 즐겁게 혹은 싸우는 척하는 놀이를 즐긴다.	1	2	3	4
14. 혼자서 그림 그리기, 색칠하기, 퍼즐 맞추기 놀이를 한다.	1	2	3	4
15. 다른 친구들과 놀면서 활발하고 적극적으로 대화한다.	1	2	3	4
16. 다른 유아들과 가장놀이(흉내내기)를 한다.	1	2	3	4
17. 혼자서 장난감이나 사물을 탐색하면서 조작하는 방법을 이해하려고 시도한다.	1	2	3	4
18. 눈에 띄지 않는 장소에 떨어져 혼자 있거나 아무 일도 안 한다.	1	2	3	4

4) 교사의 놀이성과 놀이 교수 효능감

놀이시간에 영유아의 활발한 놀이 활동 전개를 위해서는 우선 교사가 먼저 놀이를 즐겨야 한다. 놀이성(playfulness)이 높은 교사는 영유아들간의 놀이를 즐기고 유머와 인내심이 있으며 일반적으로 일, 인간관계, 레크리에이션과 같은 활동을 보다 즐기면서 접근하는 경향이 있다. 우리나라에서 그간 행해진 놀이성이 풍부한 성인이 영유아들과 어떻게 상호작용하는가를 연구한 자료들은 놀이치료실 상황에서 놀이성이 풍부한 치료자가 유아들과 상호작용하는 방안을 관찰한 연구들이었다. 이전 연구들을 통해 보면 놀이성이 풍부한 치료자는 놀이치료실에서 아동이 놀이에 참여하도록 자극하며, 공감대 형성을 쉽게 하고 불안과 우울과 같은 부정적인 감정의 해독제인 긍정적 감정을 아동으로부터 잘 이끌어 낸다고 한다(Go & Kim, 2010). 유아교육 현장에서 권혜진(2012)은 유아교사의 놀이성과 놀이 교수 효능감 간의 관계를 연구하였는데, 교사의 놀이성은 놀이 교수 효능감과 정적 상관이 있다고 보고하였다.

놀이 교수 효능감은 교사 자신이 어떻게 영유아의 놀이에 개입하고 참여를 할 수 있는가를 스스로 인식하는 것과 자신의 행동이 영유아의 놀이 활동에 긍정적인 영향을 줄 것이라고 확신하는 정도로써(Shin, Yu, & Park, 2004), 놀이 교수 효능감이 높은 교사는 자신이 영유아의 발달과 교육에 대해 긍정적인 기대를 하고 또래 놀이를 격려하며 영유아들에게 놀이에 대한 동기를 부여하고 긍정적인 상호작용의 기회를 제공한다(Ahn, 2011).

다음의 〈표 10〉은 영아반 교사의 놀이교수효능감에 대한 질문지의 예이다. 신은수, 유영의, 박현경(2004)이 개발한 도구를 이재진(2013)이 수정 · 보완한 것으로써 놀이교수효능에 대한 신념과 놀이 교수결과에 대한 기대의 2개 하위요인으로 구성되어 있다. 점수가 높을수록 놀이 교수 효능감이 높다고 판단한다.

표 10 영아교사의 놀이 교수효능감(김유리, 2015)

	전혀 그렇지 않다	조금 그렇다	보통이다	그렇다	매우 그렇다
1. 나는 영아가 놀이를 잘 할 수 있도록 도와주는 효과적인 교수전략을 알고 있다.	1	2	3	4	5
2. 만일 영아의 놀이수준이 높아졌다면 그것은 교사가 더욱 효과적인 방법으로 놀이에 개입했기 때문이다.	1	2	3	4	5
3. 나는 영아가 놀이에 흥미와 관심을 갖도록 하기 위해 많은 시도와 노력을 하고 있으며 대부분 성공한다.	1	2	3	4	5
4. 만일 영아가 평소보다 놀이를 더 잘한다면, 그것은 교사가 영아의 놀이에 관심(노력)을 더 많이 기울였기 때문이다.	1	2	3	4	5
5. 나는 놀이를 지도할 때, 영아의 관심과 호기심에 대한 질문을 언제든지 환영하고 적절하게 반응한다.	1	2	3	4	5
6. 나는 놀이상황에 적절하게 참여하지 못하는 영아가 놀이에 잘 참여할 수 있도록 지도한다.	1	2	3	4	5
7. 나는 놀이가 효과적으로 잘 일어날 수 있는 놀이의 동기나 특성을 잘 이해하고 있다.	1	2	3	4	5
8. 나는 놀이 주제 선정과 환경구성 등의 활동에 영아의 참여를 적극적으로 권하며 수용한다.	1	2	3	4	5
9. 만일 교사가 놀이에 대한 적절한 교수전략을 사용한다면 목적 없이 배회하는 영아가 줄어들 것이다.	1	2	3	4	5
10. 나는 놀이를 지도할 때 문제에 부딪히는 경우 좌절하기보다 도약의 기회로 이용한다.	1	2	3	4	5
11. 나는 놀이지도 시, 영아가 놀이 확장을 하지 못할 경우, 특별한 교수전략을 제공하며 대부분 성공한다.	1	2	3	4	5
12. 영아가 놀잇감을 단순히 가지고만 있고, 놀이구성을 잘 못하더라도 교사가 잘 도와주면 확장된 놀이로 발전할 수 있다.	1	2	3	4	5
13. 나는 놀이를 지도할 때, 영아의 놀이가 적절하게 잘 일어나도록 하는데 유능한 편이다.	1	2	3	4	5

14. 나는 영아의 놀이가 확장되도록 적절한 장소와 자료를 제공하거나 개입하는 데 유능한 편이다.	1	2	3	4	5
15. 만일 어떤 영아의 놀이가 확장되었다면 그것은 대개의 경우 교사가 적절히 개입했기 때문이다.	1	2	3	4	5
16. 나는 놀이상황에서 영아의 지식을 구성하도록 놀이를 지도하는 능력이 우수하다.	1	2	3	4	5
17. 교사가 영아의 다양한 측면을 고려하여 지도하려고 한다면, 영아의 놀이수준은 향상될 것이다.	1	2	3	4	5
18. 교사는 영아의 놀이에 대한 태도와 놀이 발달수준, 놀이에 대한 흥미유지에 책임이 있다.	1	2	3	4	5
19. 나는 놀이상황에서 영아의 관심과 호기심에 적절하게 답할 수 있다.	1	2	3	4	5
20. 영아의 놀이선호도와 놀이수준은 놀이를 지도하는 교사의 능력과 직접적인 관련이 있다.	1	2	3	4	5
21. 만일 영아가 놀이에 매우 흥미 있어 한다면, 그것은 교사가 잘 지도했기 때문이다.	1	2	3	4	5

교사의 놀이성과 놀이에 대한 교수 효능감이 영유아의 놀이발달에 긍정적인 영향을 미친다는 점을 고려해 보면 영유아의 놀이를 지도하는 교사는 놀이를 즐기고 자신이 놀이를 잘 지도할 수 있다는 확신을 가질 필요가 있을 것이다.

제2부

놀이실제

Chapter 05

상상놀이와 영유아 교육

1. 상상놀이의 발달과 교육
2. 영유아를 위한 상상놀이 실제

유아들의 상상력이 놀이의 형태로 출현하는 것이 상상놀이(imaginative play)다. 가장놀이(pretend play), 가작화놀이(make-believe play), 상징놀이(symbolic play), 극놀이(dramatic play) 등이 유사한 용어로 쓰인다. 시간과 공간, 역할 및 사물이 실제와 다르게 나타나며 현실적인 요소와 비현실적인 요소가 함께 나타난다.

1. 상상놀이의 발달과 교육

1) 상상놀이의 발달

삐아제(Piaget)는 영유아들이 감각운동기에서 전조작기로 들어서면서 인지적 변화과정을 겪게 되는데 그 중 눈에 띄는 변화가 인지적 표상 능력의 발달이라고 하였다. 표상(representation)은 정보가 저장되거나 표현되는 방식을 의미한다. 퍼너(Perner, 1991)에 의하면, 표상은 수준에 따라 일차표상(primary representation), 이차표상(secondary representation), 상위표상(metarepresentation)으로 나뉜다. 이들 표상의 의미를 정리해 보면 다음과 같다(성현란 외, 2001).

(1) 인지적 표상 능력의 발달

① 일차표상(primary representation)

가장 기본적인 수준의 표상으로 세계와 직접적인 의미관계를 갖고 있다. 세상에 대한 지각적 능력으로 나타난다. 영아는 생후 1년 이내에 일차표상을 형성할 수 있다. 현재 존재하는 대상이나 일어나고 있는 실제 상황에 대한 표상이 그것이다. 하지만 1세 영아의 표상은 대상과 유사한 패턴만을 인식할 뿐이다. 표상을 해석하는 것은 이차표상에서 나타난다.

② 이차표상(secondary representation)

일차표상이 현실 상황을 직접 표상해 준다면 이차표상은 현실과 다른 상황을 표상해 준다. 그리하여 이차표상은 시간의 흐름에 따른 과거나 미래, 그리고 현재 존재하지 않는 것들을 표상해 줄 수 있다. 일반적으로 이차표상은 일차표상이 있을 때 가능해진다.

③ 상위표상(metarepresentation)

상위표상은 표상에 대한 표상이다. 예를 들어, 우리는 미술책에서 레오나르도 다빈치의 '모나리자' 그림을 보고 그 그림에 대한 표상을 갖게 된다. '모나리자' 그림은 어떤 여인에 대한 표상이다. 우리가 갖고 있는 '모나리자' 그림에 대한 표상은 엄밀히 말하면 표상에 대한 표상이다.

유아들은 현실을 일차적으로 표상하고 난 뒤 이 표상을 현실과 분리해서 사용한다. 상상놀이에서 나타나는 유아들의 여러 가지 행위들은 이를 뒷받침한다. 숟가락을 마이크라며 들고 노래를 부르는 유아는 마이크에 대한 표상을 '마이크'에서 분리하여 '숟가락'에 적용해야 한다. 한 가지 사물을 두 가지 방식으로 표현하는 이중 표상능력은 1세에서 6세까지 꾸준하게 발달하는데, 이중 표상 능력을 보여주는 대표적인 놀이 형태가 가장놀이(pretend play)다.

가장놀이는 주로 전조작기에 있는 아이들에게서 나타난다. 구체적 조작기가 되면 아이들은 가장놀이보다는 게임, 스포츠와 같은 규칙이 있는 다른 형태의 놀이나 활동에 몰두하게 된다. 전조작기의 특성이라고 볼 수 있는 이러한 놀이형태를 삐아제(Piaget, 1962)는 상징놀이(symbolic play)라고 명명하였는데, 상징놀이는 다음과 같은 단계를 거쳐 발달한다고 하였다.

(2) 상징놀이의 발달

① 전 상징적(presymbolic) 단계

빈 컵을 입에 가져다 대고 빗을 머리에 대는 행동을 한다.

② 자기 가작화(self-pretending) 단계

유아 자신의 신체와 일상 생활 활동과 관련된 것을 상징화한다. 컵과 유사한 것을 들고 마시는 흉내를 내고 전화 수화기를 들어 이야기하는 흉내를 낼 수 있다.

③ 분산된 가작화(decentered pretending) 단계

컵과 유사한 것이 아니어도 들고 마시는 흉내를 낼 수 있고 자신이 아니라 대상을 정해 놓고 먹이는 행동도 나타난다.

④ 가작화 놀이의 통합(pretending play combination) 단계

놀잇감이 없어도 마시는 척하면서 동시에 먹여 주는 행동을 통합적으로 해낼 수 있다. 엄마, 아빠가 하는 행동을 흉내내기도 하고 이 행동을 인형에게 보여주며 상징화한다.

⑤ 계획적 상징놀이(planned symbolic play) 단계

자신이 무엇을 상징화할 것이며 그것을 위해 필요한 도구가 무엇인지를 생각할 줄 알게 된다. 또한 친구들과 상호작용하면서 여러 가지 상황을 역할극으로 꾸며 나타낼 수 있다. 미리 준비된 다양한 놀잇감은 계획적 상징놀이를 확장시키고 발전시켜 나가는데 도움이 된다.

2) 상상놀이의 교육적 가치

상상놀이는 영유아기 발달에 중요한 시사점을 제공한다. 우선 상상놀이는 고등한 정신활동을 위한 초석을 제공한다. 비고츠키(Vygotsky)는 상상놀이가 구체적인 사회적 실제(social reality)로부터 의미(meaning)를 분리하도록 돕기 때문에 이후 추상적 사고의 발달을 위해 필요한 준비활동이 된다고 하였다. 상상놀이에서 나타나는 언어는 실제 생활에서 벗어나 논리적이며 독립적인 방법으로 사고를 조직해 나가는데 도움이 된다. 상상놀이가 영유아의 발달과 어떻게 관련이 있으며 교육에 어떠한 시사점을 제공하는지를 발달 영역에 따라 살펴보면 다음과 같다.

(1) 상상놀이와 인지발달

나무토막을 가지고 자동차를 가장할 때 유아들은 그 나무토막이 자동차가 아니라 자동차를 가장하는 것이라는 것을 안다. 이 때 유아가 나무토막을 '자동차'라고 부르는 것은 일종의 은유를 사용한 것으로써 하나의 사물에 대한 이름을 그것과 닮은 또 다른 사물을 지칭하기 위해 의도적으로 사용한 것이다. 이와 같이 대상물과 단어의 의미를 정신적으로 변형하는 것은 창조적 사고와 상상에서 볼 수 있는 인지적 활동이다(Flavell, Miller, & Miller, 1993; 성현란 외, 2001, 재인용). 이러한 의미에서 유아의 상상놀이를 장려하는 것은 인지발달의 토대를 제공하는 것이라고 볼 수 있다.

(2) 상상놀이와 정서 및 사회성 발달

상상놀이를 하면서 유아들은 즐거움이나 화남과 같은 자신의 감정을 드러내게 된다. 놀이를 통해 긍정적 정서는 더욱 강화되고 안에 감추고 있던 부정적 정서는 밖으로 드러나게 되면서 유아들은 정서적 안정감을 찾을 수 있다. 인상적이었던 사건이나 경험을 놀이 속에서 반복하여 재현하면서, 유아들은 정서적 문제 상황을 보다 쉽게 해결할 수 있게 된다.

상상놀이는 유아들의 사회화에도 기여한다. 역할놀이를 하면서 유아들은 자신에게 주어진 역할을 가장하며 상상 속의 인물들이 어떻게 상호작용하는지를 나타낸다. 자기를 다른 사람과 구별하고 다른 사람의 관점을 이해하면서 사회적으로 상호작용하는 연습을 하게 되는데, 타인의 관점에서 볼 수 있는 이러한 조망수용 능력은 상징놀이의 상위 단계인 극놀이(사회극적 놀이, dramatic play)를 하면서 더욱 강화된다. 자신의 실제 모습을 의식적으로 다양한 가상의 실체로 전환하는 이러한 행동은 조망수용 능력의 발달과 함께 탈중심화 과정을 촉진시킨다. 더불어 여러 명의 유아들이 함께 역할놀이에 참여할 때, 유아들이 역할 정하기와 역할 수행 및 역할 갈등을 경험하며 다른 사람의 생각을 수용할 수 있는 태도를 기르게 되어 궁극적으로 사회성을 발달시킬 수 있다.

(3) 상상놀이와 언어발달

어린 영아들도 대상물에 대한 정신적 표상을 만들 수 있는 가능성이 있기는 하지만 사진, 단어, 몸짓, 장난감 등 실제 대상물이나 사건을 표상하는 것을 이해하는 능력은 2세를 전후로 발달한다. 이러한 상징적 표상에 대한 이해는 언어발달과 밀접한 관련이 있다. 영아가 처음 단어를 산출하기 시작할 때에는 어휘가 천천히 그리고 점진적으로 증가되지만 얼마 지나지 않아 이전과는 비교하기 어려울 정도로 언어 능력이 폭발적으로 증가한다. 이러한 어휘 폭발을 경험하는 시기가 바로 상징적 표상을 사용하는 시기와 상응하는 것을 볼 수 있다(성현란 외, 2001).

유아들은 상상놀이를 하면서 자신의 역할에 따른 언어를 어떻게 사용하는가를 배울 수 있다. 이영자, 신은수, 이종숙(2003)은 가장 맥락놀이와 비가장 맥락놀이에서의 언어 형태를 비교한 결과 가장 맥락에서의 언어 형태가 더 높은 수준을 보였다고 보고한 바 있다.

음성언어 뿐만 아니라 문자 언어 능력도 상상놀이에서 발전시켜 나간다. 음식점놀이를 하면서 유아들은 메뉴판을 만들고 병원놀이를 하면서 처방전을 쓰기도 한다. 상상놀이를 계획하고 실행하면서 자연스럽게 접하게 되는 문해 환경은 유아들이 문자에 대한 관심을 확장시킬 수 있도록 돕는다.

3) 상상놀이와 놀잇감

상상놀이가 풍부하게 일어나기 위해서는 영유아들이 맡은 역할의 행위들을 재현하고 재구성할 수 있는 자료들이 필요하다. 어린 유아들일수록 실제와 유사한 놀잇감이 필요하며 연령이 높아질수록 실제와 유사한 놀잇감보다는 유아 스스로 계획하여 만든 놀잇감들을 놀이에 사용할 수 있게 된다.

다양한 의상, 인형 및 모형들은 역할놀이가 보다 풍부해지도록 돕는다. 여러 가지 옷은 각각의 역할을 이행하는데 유용한 자료가 되며, 인형들은 이야기를 재구성하며 놀이하는데 유용하다. 자동차, 동물 모형들도 유아의 상상력을 자극하는 자료가 될 수 있다. 유아교육기관에서 상상놀이 영역 자료를 구비할 때에는 다음을 참고할 수 있다(신혜은, 고태순, 장세희, 2011).

표 11 상상놀이를 위한 놀잇감

영아를 위한 상상 놀잇감	유아를 위한 상상 놀잇감
• 영아들이 직접 경험한 사람들이나 실물과 유사한 자료 가족의 소품, 가정용품(음식, 식기, 유모차, 드라이어, 전화, 다리미 등)을 실물로 구성하거나, 실물과 크기나 모양이 유사한 자료들로 구성	• 가정놀이를 위한 자료 싱크대, 모형냉장고, 믹서, 국자, 도마, 칼 등의 주방기기, 화장대, 거울, 옷장, 침대, 전화기, 드라이기, 시계, 빗, 가발, 전화번호부, 청소도구 등의 가정용품 • 다양한 역할을 표현하기 위한 의상 자료 드레스, 잠옷, 앞치마, 한복, 다른 나라 의상, 의사가운, 우체부, 경찰, 주방장 등을 나타낼 수 있는 옷 등

	• 기타 병원놀이자료, 식료품가게놀이자료, 미용실놀이자료, 소방서놀이자료, 우체국놀이자료, 공연놀이자료 등

2. 영유아를 위한 상상놀이 실제

1) 영아를 위한 상상놀이 실제

인형놀이	
목표	· 일상생활을 표상하여 놀이한다. · 상상놀이를 즐긴다.
자료	· 인형, 담요, 포대기
놀이방법	① 인형과 담요, 포대기 등을 바구니에 담아 준비한다. ② 영아가 자유롭게 인형을 가지고 탐색, 놀이할 수 있도록 시켜본다. ③ 영아의 놀이 활동을 보고 적절히 반응한다. – ○○가 인형 엄마처럼 인형을 꼭 안고 있구나. – 지금 인형이 뭐하고 있니? – ○○가 인형을 안아 주니까 인형이 기분 좋은가 보구나. ④ 인형에 관련된 소품을 사용할 수 있도록 제안한다. – 바구니에 있는 담요는 언제 사용하는 거니? – 인형에게 포근하게 이불을 덮어 주었구나. – 인형이 잠을 코 '~' 잘 수 있도록 토닥토닥 두드려 주며 노래도 불러 주자.
확장활동 및 유의점	– 인형을 영아가 입으로 탐색해 볼 수 있으므로 자주 세탁하여 청결을 유지한다. – 털이 있는 인형은 영아가 흡입할 수 있으니 가급적 털이 있는 인형은 주지 않는다. – 인형과 소꿉놀잇감을 활용하여 인형에게 음식 먹여주기, 목욕시켜 주기 등의 놀이로 확장할 수 있다.

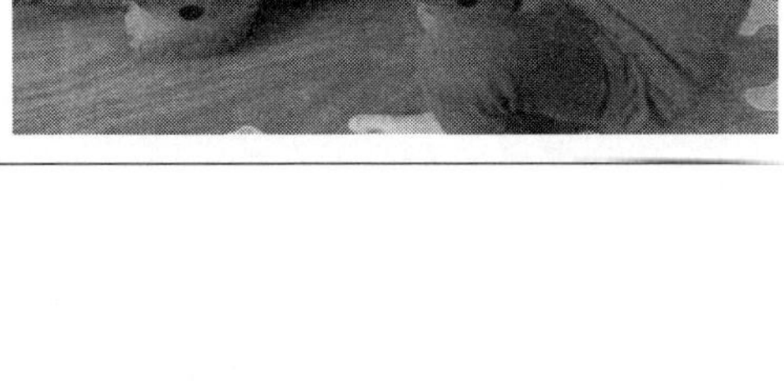

우리 가족

목표	· 일상생활을 표상하여 놀이한다. · 가족 구성원에 대해 관심을 갖는다. · 상상놀이를 즐긴다.
자료	· 손가락 인형
놀이방법	① 준비한 손가락 인형을 이용하여 영아의 흥미를 유발한다. – 까꿍! 나는 ○○야. 내 옆에는 우리 엄마도 있어. – 또 어떤 인형이 있는지 살펴볼까? ② 손가락 인형을 이용하여 가족의 구성과 역할에 대해 이야기해 본다. – 누구와 함께 살고 있니? – 엄마는 어떤 일을 하실까? ③ 가족의 일상생활에 대한 역할놀이를 손가락 인형으로 영아들끼리 역할놀이를 해 보도록 한다. – ○○야, 엄마 마트에 가려고 하는데 엄마와 함께 마트에 갈까? – 아가야, 졸리지? 엄마가 자장자장해 줄게. ④ 영아들이 손가락 인형으로 역할놀이를 충분히 한 뒤에 바구니에 정리할 수 있도록 돕는다.
확장활동 및 유의점	– 손가락 인형 대신 손 인형을 활용해도 좋다. – 손가락 인형을 입으로 물거나 빠는 영아가 있으므로 세탁 및 청결에 유의한다. – 블럭놀이와 연계해서 역할놀이를 확장할 수 있다.

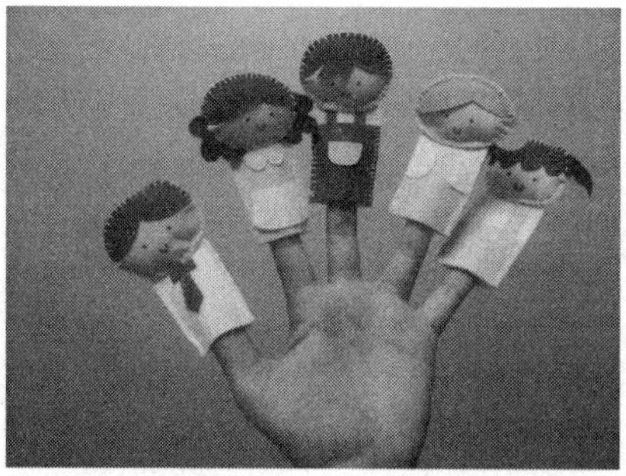

손님을 초대해요

목표	· 가족이나 친구를 초대해 보는 상상놀이를 할 수 있다. · 상상놀이를 즐긴다.
자료	· 소꿉모형, 식탁, 식탁이 꾸며진 사진
놀이방법	① 식탁이 꾸며진 사진을 붙여 환경을 꾸민다. ② 여러 가지 소꿉모형으로 친구를 초대해서 맛있는 음식을 나눠 보도록 영아의 흥미를 유발한다. – 오늘은 친구들을 초대해서 맛있는 음식을 함께 먹어 볼까? ③ 식탁 위에 여러 그릇들로 친구들에게 줄 음식을 차려 보도록 돕는다. – ○○야, 내가 맛있는 빵을 가지고 왔어. 같이 먹지 않을래? – ○○야, ○○야, 모두 여기 와서 같이 먹자. 고마워. 잘 먹겠습니다. ④ 영아들이 친구와 나눌 수 있도록 도와준다.
확장활동 및 유의점	– 영아들이 친구와 나눌 수 있도록 충분한 놀잇감을 제공해 준다. – 식탁이 꾸며진 사진을 복사해 오리거나 찢어서 식탁꾸미기를 할 수 있다.

물건을 사러 가요

목표	• 카트에 관심을 갖고 탐색한다. • 카트를 밀어 움직여 보고 카트에 물건을 담아 본다. • 카트를 이용한 상상놀이를 즐긴다.
자료	• 놀이용 카트, 여러 가지 물건, 바구니
놀이방법	① 카트와 여러 가지 물건에 관심을 보이는 영아와 상호작용을 나눈다. - 여러 가지 물건을 담을 수 있는 카트구나. - 카메라도 있고, 음식 모형 놀잇감도 있고, 작은 가방도 있고, 많은 물건들이 있구나. ② 교사와 카트를 밀어 보고, 카트에 물건을 담아 볼 수 있도록 격려한다. - 선생님하고 같이 카트를 밀어 볼까? - 이번에는 카트 안에 ○○가 좋아하는 물건들을 담아 보자. - 카트에 물건들을 많이 넣어도 밀고 다니니 편하구나. ③ 교사, 친구와 함께 카트에 물건을 담으며 다양한 놀이를 해 볼 수 있도록 한다. - 선생님은 카트를 들고 맛있는 과일을 사러 가야겠다. - 싱싱하고 빨간 사과는 얼마에요? 맛있게 먹을게요. - △△는 어떤 것을 사고 싶어?
확장활동 및 유의점	- 물건을 사고 난 후의 느낌을 다양한 방법으로 표현해 본다. - 물건을 살 때 필요한 것들에 대해 이야기해 본다.

곤충이 되어 보자

<table>
<tr><td>목표</td><td>· 다양한 곤충에 관심을 갖는다.
· 곤충을 표현해 보며 즐거움을 느낀다.</td></tr>
<tr><td>자료</td><td>· 곤충모양 머리띠, 곤충 날개 의상</td></tr>
<tr><td>놀이방법</td><td>① 역할영역에 곤충 관련 소품을 제공한 후 영아가 탐색하는 과정을 관찰한다.
(교사가 의도적인 상호작용 개입 없이 환경으로만 제공)
② 영아가 곤충관련 소품을 탐색하는 모습을 보며 상호작용을 나눈다.
- ○○가 나비 머리띠를 하고 있구나.
- ○○나비가 되었구나.
- 이것은 누구의 날개 모양일까요?
③ 영아가 다양한 곤충의 이상을 입고 놀이해 볼 수 있도록 격려한다.
- ○○이는 어떤 곤충의 머리띠를 해 볼까요?
- ○○도 머리띠를 해 볼까요?
- 우리 같이 나비가 되었구나.
④ 친구와 함께 하는 놀이에 즐거움을 느껴 볼 수 있도록 돕는다.
- ○○랑 △△가 똑같은 나비가 되었구나.
- 저기 노랑꽃이 있데 맛있는 꿀 찾으러 가보자.~
- ○○나비에게 친구가 생기니 기분이 어떠니?</td></tr>
<tr><td>확장활동
및
유의점</td><td>- 노래에 맞춰 움직임을 표현해 보도록 돕는다.</td></tr>
<tr><td colspan="2">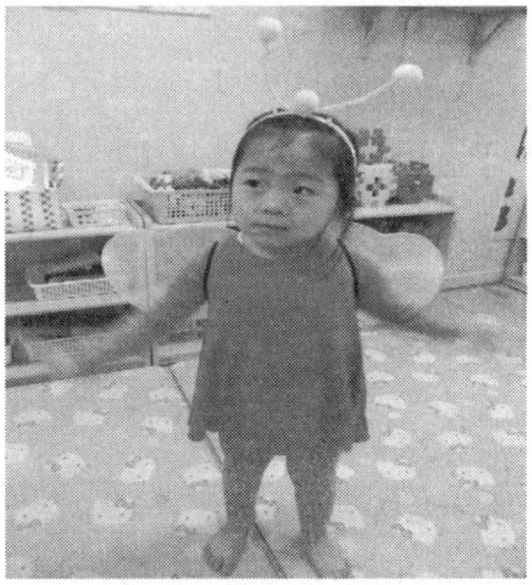</td></tr>
</table>

2) 유아를 위한 상상놀이 실제

과일가게

목표	• 과일가게 놀이를 할 때 필요한 역할을 안다. • 자신이 맡은 역할을 수행한다. • 역할놀이를 즐긴다.
자료	• 과일모형, 장바구니, 모형 돈, 가격판, 역할머리띠(가게주인, 손님)
놀이방법	① 준비된 놀잇감을 탐색한다. – 어떤 놀잇감들이 있니? – 이 놀잇감들로 어떤 놀이를 할 수 있을까? ② 놀이에 필요한 역할을 정하도록 돕는다. – 과일가게 놀이를 하려면 어떤 역할이 필요할까? – 과일가게 주인은 누가 할까? ③ 과일과게 놀이를 한다. 역할을 바꾸어 가며 놀이할 수 있다. ④ 놀이를 한 느낌을 이야기해 볼 수 있다. – 과일가게 놀이를 한 느낌이 어떠니? – 다음에 할 때에는 어떻게 하면 더 재미있게 놀이할 수 있을까?
확장활동 및 유의점	– 다양한 과일모형을 제공한다. – 모형 돈을 이용해 은행놀이와 연계할 수 있다.

동물병원

목표	· 애완동물의 종류에 관심을 갖고 알아본다. · 자신이 맡은 역할을 적절히 수행한다. · 역할놀이를 즐긴다.
자료	· 병원놀이 세트, 동물인형, 의사가운, 엑스레이 사진, 깔개
놀이방법	① 준비된 놀이자료를 탐색한다. - 어떤 재료들이 있는지 함께 볼까? - 주사기는 왜 있을까? - 동물을 진료할 곳은 어디로 할까? ② 친구와 의논하여 역할을 정하도록 돕는다. - 누가 의사가 되어 보겠니? - 어떤 동물을 치료할까? - 어떻게 치료할까? ③ 동물병원놀이를 한다. - 우리 강아지가 힘이 없어요. 어디가 아픈 걸까요? - 강아지가 아프지 않도록 하려면 어떻게 돌봐야 할까요? ④ 동물병원놀이를 한 느낌을 이야기 나눈다. - 동물병원놀이를 해 본 느낌이 어떠니? - 다음에는 어떤 역할을 맡아 놀이해 보고 싶니? - 어떤 동물을 치료해 보고 싶니?
확장활동 및 유의점	- 쌓기 영역과 연계하여 활동할 수 있도록 한다. - 지역사회의 연계 활동 중 한 가지로 유아들이 직접 동네의 동물병원을 방문해 본 후 활동을 진행하면 놀이가 더욱 풍부해질 수 있다.

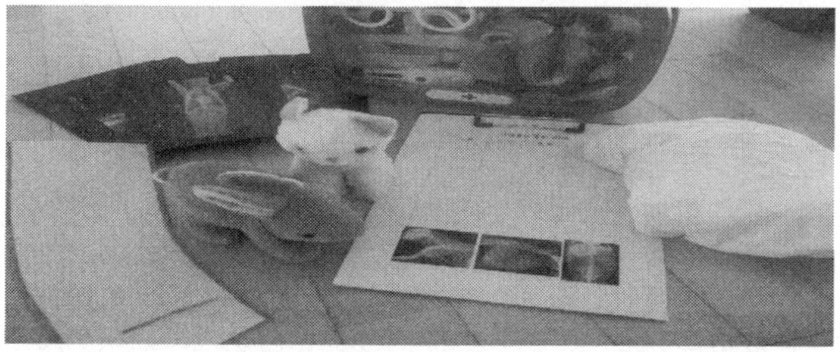

맛나분식

목표	• 분식점에 가 본 경험을 토대로 역할놀이를 할 수 있다. • 역할에 따라 자신이 맡은 역할을 적절히 수행할 수 있다. • 역할놀이를 즐긴다.
자료	• 음식 모형, 모형 돈, 앞치마
놀이방법	① 준비된 놀이자료를 탐색한다. – 어떤 재료들이 있는지 함께 볼까? – 이 놀잇감들로 어떤 놀이를 할까? ② 분식점놀이를 할 놀이자료를 마련하고 역할을 정한다. – 분식점에서는 어떤 음식을 팔까? – 떡볶이는 얼마에 팔면 좋을까? – 손님은 누가 할까? ③ 분식점놀이를 한다. – 어떤 음식을 드시겠어요? – 떡볶이와 오뎅 주세요. 얼마예요? ④ 분식점놀이를 한 느낌을 이야기 나눈다. – 분식점놀이를 해 본 느낌이 어떠니? – 어떤 재료가 더 있으면 놀이를 더 즐겁게 할 수 있을까?
확장활동 및 유의점	– 활동을 통해 서로 좋아하는 음식이 다름을 알고 이를 존중하는 태도를 기를 수 있다. – 미술영역에서 유아들이 직접 필요한 물건을 다양한 재활용품으로 만들어 놀이할 수 있다.

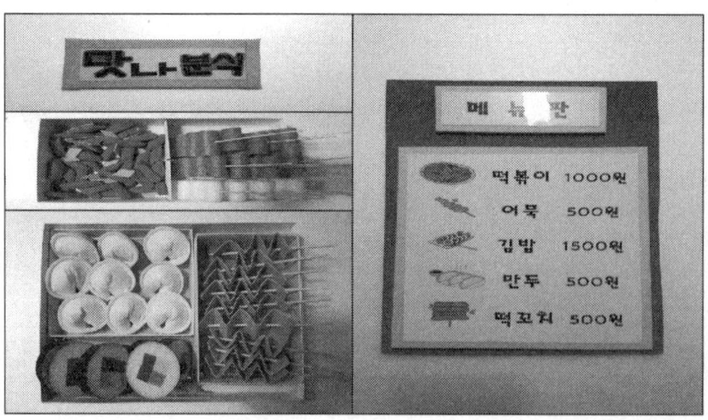

피자가게

목표	· 피자가게에서 일어나는 일들에 관심을 갖는다. · 역할에 따라 자신이 맡은 역할을 적절히 수행한다. · 역할놀이를 즐긴다.
자료	· 모형 피자 재료, 피자판, 모형 돈
놀이방법	① 준비된 피자의 재료에 관심을 보이는 유아들과 이야기를 나누며 피자가게놀이를 제안할 수 있다. – 어떤 재료들이 있니? – 맛있는 피자를 만들어 볼까? – 우리들이 만든 피자를 가게에서 파는 피자가게 놀이를 해 보면 어떨까? ② 친구와 의논하여 역할을 정하도록 돕는다. – 피자가게 놀이를 하려면 어떤 역할이 필요할까? – 피자를 만드는 주방장은 누가 할까? ③ 피자가게 놀이를 한다. – 어떤 피자를 만들어 드릴까요? – 피자 한 조각에 얼마예요? ④ 피자가게 놀이를 한 느낌을 이야기 나눈다. – 피자가게 놀이를 해 본 느낌이 어떠니? – 다음에는 어떤 역할을 맡아 놀이해 보고 싶니?
확장활동 및 유의점	– 미술영역에서 여러 재료로 피자토핑을 직접 만들어 다양한 피자를 만들어 볼 수 있다. – 분수 및 가격 등의 수학적 개념의 이해로 확장할 수 있다.

아기돼지 삼형제

목표	· 이야기를 듣고 역할을 표상하여 놀이할 수 있다. · 극놀이를 즐긴다
자료	· 아기돼지 삼형제 그림책, 등장인물 가면
놀이방법	① 아기돼지 삼형제를 읽고 이야기를 회상한다. - 아기돼지들은 어떤 집을 지었니? - 셋째 돼지집은 왜 날아가지 않았니? ② 역할을 정하고 역할놀이에 쓰일 자료들을 준비한다. - 늑대는 누가 할까? - 어떤 방법으로 역할을 정할까? - 집은 무엇으로 나타내면 좋을까? ③ 극놀이를 진행한다. 이때, 교사는 지문을 읽어 주며 역할놀이가 원활하게 진행되도록 도움을 줄 수 있다. ④ 극놀이를 한 느낌을 이야기 나눈다. 유아들이 원한다면 역할을 바꾸어 가며 놀이해 볼 수 있다. - 직접 아기돼지가 되어 놀이를 해 본 느낌이 어떠니? - 한 번 더 해 본다면 어떤 역할을 해 보고 싶니?
확장활동 및 유의점	- 쌓기영역에서 아기돼지 삼형제 집을 직접 지어 볼 수 있다. - 주인공들에게 하고 싶은 말을 편지로 써 볼 수 있다.

Chapter 06

쌓기놀이와 영유아 교육

쌓기놀이는 다양한 색과 모양, 크기, 형태 등의 블록을 사용하여 평면 혹은 입체적인 구조물을 구성하는 놀이를 말한다. 쌓기놀이는 영유아들이 일상생활에서 보고, 듣고, 상상한 것들을 구성해 보면서 공간 구성력, 분류 및 측정능력, 상상력, 사회적 기술과 태도, 긍정적인 자아개념, 불안감과 긴장감 해소, 대 · 소근육의 발달과 눈과 손의 협응력, 언어 능력, 논리적 사고를 이끌어 영유아의 전인적 발달에 기여한다(전영아, 2012).

1. 쌓기놀이의 발달과 교육

1) 쌓기놀이의 발달

존슨(Johnson, 1974)은 영유아가 환경을 효율적으로 다루는 힘은 구성적인 자료를 자유롭게 탐색하고 사용하는 과정에서 발생된다고 하였다. 그는 유니트 블록을 이용하여 놀이하는 영유아들의 놀이를 관찰하여 영유아들이 블록을 이용하여 구성하는 활동을 다음의 7단계로 체계화하였다.

(1) 1단계 : 블록 운반하기

블록 자체에 호기심을 가지고 탐색하는 시기로 특별한 목적 없이 블록을 가지고 옮기거나 굴리고 밀고 다닌다. 불규칙적이고 불안정한 상태로 쌓기를 하나 실제적인 구성은 하지 못하는 시기이다.

(2) 2단계 : 반복, 줄짓기, 탑쌓기

실제적인 구성이 시작되는 단계로 블록을 수직으로 쌓아서 탑을 만들거나 수평으로 늘어놓아 줄을 만든다. 단순한 형태의 구조물을 반복해서 만드는 과정을 통해 자연스럽게 블록의 특성을 이해하게 되고 쌓기에 필요한 기술들을 익혀 나가게 된다.

(3) 3단계 : 다리 만들기

블록을 사용한 놀이경험이 축적되며 조금 더 복잡한 구조물을 만들 수 있게 되는 시기로 간격을 두어 블록을 세운 후 다른 블록을 위에 얹어 다리 형태를 만든다. 다리를 만드는 과정에서 균형, 공간, 블록의 길이에 대한 새로운 인식을 하게 된다.

(4) 4단계 : 울타리 구성하기

블록을 가지고 폐쇄적인 공간을 만들 수 있게 되는 시기이다. 구조물의 형태에서 내부 공간과 외부 공간을 경험할 수 있으며 동물모형이나 사람모형 등의 소품을 사용하여 극놀이를 하기도 한다.

(5) 5단계 : 장식적 패턴의 출현

몇 개의 블록을 연결시켜 대칭, 균형을 이루며 반복적 패턴의 형태가 나타난다. 이 단계에 이르면 유아는 블록을 다루는 능력이 숙달되며 예술적인 블록 구성물을 짓게 된다.

(6) 6단계 : 이름 붙이기 및 표상하기

구성물에 이름을 붙이며 물체를 구성한 후 협동적으로 극놀이를 하는 시기이다. 이 시기에는 실제 구조물이 상징화되어 나타나지만 구조물의 형태나 기능이 유아가 붙인 명칭과 연관되지는 않는다.

(7) 7단계 : 실제 구조물의 재현

블록을 사용하여 실제와 비슷한 구조물을 표상할 수 있게 되는 시기로 실제 상황에서 경험한 것들을 블록으로 나타낸다. 내부 공간과 외부 공간의 구분이 확실해지며 블록 구조물의 형태 또한 매우 복잡하고 정교해진다.

우리나라 유아들을 대상으로 쌓기 발달을 연구한 정은희(2005)는 쌓기놀이가 존슨(Johnson)이 제시한 발달과정과 유사한 패턴을 보이지만 기질적 특성이나 함께 놀이하는 사람에 따라 변화양상이 다소 다르게 나타난다고 보고하고 있다. 더불어 쌓기놀이를 할 때 유아들은 발달 단계를 거치면서 의미를 두는 곳이 달라졌는데 예를 들어, 블록을 수직으로 쌓아서 탑을 만들거나 수평으로 늘어놓아서 줄을 만드는 단계의 유아들은 최대한 높게, 길게 구성하는 데 의미를 두었다. 다리를 만드는 단계에 있는 유아들은 균형을 맞추는데 의미를 두었고, 현실적인 주제를 블록으로 표현하기 시작하는 단계에 이르면 구성물들 간의 조화를 고려하여 소품으로 주변을 장식하며 자신의 미적 판단에 의해 완성된 작품을 자랑스러워하였다.

2) 쌓기놀이의 교육적 가치

쌓기놀이를 할 때 영아들은 신중하게 탑을 쌓기 위해 놀이에 몰입하고 애써 쌓은 탑을 무너뜨리며 즐거워하기를 반복한다. 유아들은 마치 자신이 예술가나 건축가가 된 것처럼 놀이에 몰입하여 무언가를 만들어 낸다. 쌓기놀이에 사용되는 블록은 유아의 의도에 따라 다양한 형태로 변형이 가능하며 어떻게 사용하는가에 따라 다양한 모양으로 구성될 수 있다는 점에서 개방적인 놀잇감이다. 쌓기놀이는 영유아들에게 다양한 학습과 성장의 기회를 제공하는데 이를 발달의 제반 영역에 따라 살펴보면 다음과 같다.

(1) 쌓기놀이와 신체발달

쌓기놀이를 할 때 영유아들은 블록을 높이, 길게 쌓고 블록을 서로 끼우려고 노력한다. 이를 통해 눈과 손의 협응 능력 및 힘을 조절하는 능력과 더불어 손과 손가락의 소근육이 발달한다. 블록을 쌓는 과정에서 몸을 구부렸다 펴는 활동이 반복되어 대근육이 발달한다.

(2) 쌓기놀이와 정서 및 사회성 발달

영아들은 블록을 이용하여 자유롭게 만들었다가 무너뜨리는 일을 반복한다. 애써 쌓은 구조물을 부수는 것은 정서를 이완시키고 영아들에게 즐거움을 선사한다. 쌓기놀이는 블록을 이용하여 구조물을 만드는 과정에서 성취감을 맛보게 하므로 긍정적인 자아개념 형성에도 도움이 된다. 유아들은 혼자서 쌓기놀이를 하는 경우도 있지만 다른 유아들과 함께 쌓기놀이를 한다. 또래와 함께 구성하는 활동을 통해 유아들은 서로의 기술과 의견을 존중하는 것을 배우게 된다.

(3) 쌓기놀이와 인지발달

쌓기놀이는 무게, 크기 등의 수학 개념 학습에 도움이 된다. 쌓기놀이를 하면서 유아는 블록들의 무게와 크기를 비교할 수 있다. 블록을 높게 쌓기 위해서는 가장 크고 무거운 블록을 제일 아래에 놓고 가볍고 작은 블록은 위에 놓아야 한다. 놀이 과정에서 블록들의 무게 및 크기를 비교해 보는 경험, 무엇인가를 만들기 위해 블록이 몇 개나 필요할 것인지를 생각해 보는 어림셈 경험, 또래와 함께 놀이하면서 서로가 만든 블록의 구성물의 높이를 측정하고 비교하는 경험들을 하면서 유아들은 수학적 개념을 형성해 간다.

(4) 쌓기놀이와 언어발달

유아가 읽기와 쓰기를 하기 위해서는 글자를 지각적으로 인식하고 변별할 수 있어야 한다. 유아들은 블록놀이를 하며 여러 가지 블록으로 어떤 모양을 만들지 계획하고, 실제 계획한 모양을 만들기도 하는데 이런 경험들은 유아의 형태인지능력 및 변별능력의 발달을 돕는다. 이러한 활동은 궁극적으로 지각적 변별력이 요구되는 문자 읽기와 쓰기에 도움이 된다. 영유아가 블록을 다른 영유아와 함께 만들면서 경험하는 다양한 언어적 상호작용 및 자신이 계획하는 구성물과 구성물을 만드는 과정을 설명하는 활동은 영유아의 의사소통 능력의 발달에 기여한다.

(5) 쌓기놀이와 예술적 능력발달

영유아들은 블록을 이용하여 처음에는 단순한 형태의 구조물을 만들지만 점차로 복잡한 형태의 멋진 구조물을 만들 수 있게 된다. 대칭과 균형요소들을 고려해서 구조물을 만들 수 있게 됨으로써 유아들이 표현하는 구조물은 더욱 복잡한 형태를 띠게 된다. 또한 다양한 색의 블록을 이용하여 구성하기도 하고, 건축물의 사진을 직접 보고 자신만의 건축물을 만들기도 한다. 이런 과정을 통해 유아들은 심미감과 예술적 능력을 발달시킬 수 있다.

3) 쌓기놀이와 놀잇감

쌓기놀이에는 다양한 블록이 사용될 수 있지만 우유곽, 깡통 등과 같은 재활용품도 사용된다. 쌓기놀이에서 사용되는 다양한 블록들을 살펴보면 다음과 같다.

(1) 스펀지 블록

스펀지 블록은 스펀지와 천으로 짜여진 블록으로 푹신푹신한 느낌을 준다. 따라서 스펀지 블록은 영아들에게 많이 활용되는데, 영아들은 스펀지 블록을 쌓았다가 흐트러뜨리는 것을 즐긴다.

(2) 우레탄 블록

우레탄 블록은 가볍고 안전하여 영아들에게 활용가능하다. 스펀지 블록에 비해

덜 푹신하여 높이 쌓기가 용이하다.

(3) 유니트 블록

유니트 블록은 프랫(Pratt)에 의해 고안된 것이다. 유니트 블록은 직사각형을 기준으로 원기둥, 사각기둥, 곡면기둥 등 나무 재질의 다양한 크기와 형태를 지닌 블록으로 구성되어 있다. 유니트 블록은 대부분 길이와 모양은 다르나 넓이와 높이는 일정한 점에서 동등성을 지니고 있다. 블록 2개는 2배 크기의 유니트 블록 1개와 같은 공간을 차지하므로 큰 유니트 블록은 작은 유니트 블록 몇 개로 체적상의 대치가 가능하다.

(4) 종이벽돌 블록

종이벽돌 블록은 영아와 유아들에게 많이 활용되는 것으로 두꺼운 종이를 접어 만든 벽돌 형태의 블록이다. 대 · 중 · 소의 세 가지 크기가 있으며 교육기관에서 가장 많이 볼 수 있는 것은 중간 크기의 벽돌 블록이다.

(5) 재활용품

여러 가지 재활용품은 유아에게 좋은 쌓기놀이 자료가 된다. 우유팩, 종이컵, 상자 등이 포함된다. 재활용품을 이용하여 쌓기놀이를 하는 경우 판매되는 블록과는 다르게 유아들이 마음대로 그림을 그리고 글을 쓸 수 있으며 쌓은 작품을 감상하기 위해 테이프로 고정할 수 있다.

유아교육기관에서 쌓기놀이 영역 자료를 구비할 때에는 다음의 〈표 12〉를 참고할 수 있다(신혜은, 고태순, 장세희, 2011).

표 12 영유아를 위한 쌓기놀이 영역 놀잇감

영아를 위한 쌓기놀이 영역 자료	유아를 위한 쌓기놀이 영역 자료
• 쌓기놀이를 위한 블록. 정교하게 소근육을 사용하는 레고블록이나 렉스블록류를 제외한 종이벽돌 블록, 스펀지 블록 등 • 상호작용 놀이를 위한 모형자료: 다양한 크기의 사람, 동식물, 건물, 교통기관, 표지판 모형 등	• 쌓기놀이를 위한 다양한 블록. 소근육을 사용할 수 있는 다양한 블록들, 입체구조물을 만들 수 있도록 원기둥이나 널빤지와 같은 다양한 블록들 • 상호작용과 사회극을 위한 다양한 모형자료: 교통기관 모형, 간판 표시물, 가면, 운전대, 경찰모자 등 • 기타: 쌓기놀이에 아이디어를 주는 책들, 화보 등

2. 영유아를 위한 쌓기놀이 실제

1) 영아를 위한 쌓기놀이 실제

높게/길게

목표	· 블록을 이용하여 다양한 방법으로 놀이한다. · 대 · 소근육 능력을 기른다.
자료	· 블록
놀이방법	① 블록을 탐색한다. 빨간색도 있고 초록색도 있네. – 이 블럭으로 어떤 놀이를 할까? ② 블록을 이용하여 블록을 높게 쌓거나 길게 이어보도록 돕는다. – 블록을 쌓자. 블록을 쌓자! – 누구의 블록이 가장 길까? ③ 영아들이 원하는 방법에 따라 블록을 쌓아본다. 쌓은 블록을 무너뜨리고 다시 쌓기를 반복해 볼 수 있다.
확장활동 및 유의점	– 블록이 쓰러지며 다치거나 주변 친구들의 놀이에 방해가 되지 않도록 공간을 충분히 확보한 후 놀이한다. – 블록을 높이 쌓아올리거나 길게 놓아 보며 높아지거나 길어지고 있음을 언어로 상호작용할 수 있다(길다/높다/커졌다 등 차이를 지각할 수 있는 언어로 상호작용한다).

쌓고 무너뜨리기

목표	· 몇 개의 블록을 쌓을 수 있다. · 쌓고 무너뜨리는 과정에서 즐거움을 느낀다.
자료	· 작은 블록류
놀이방법	① 블록을 준비해서 자유롭게 만져 보고 세워 보면서 탐색한다. ② 블록을 위로 쌓아본다. 영아에게 블록을 하나씩 건네 주거나 영아와 번갈아 하나씩 쌓아본다. – 블록 하나를 더 올려 볼까? – (블록을 건네 주면서) 조심조심, 여기 있어요. ③ 쌓다가 무너지는 경우나 영아가 스스로 무너뜨릴 때, 무너지는 모양과 소리를 들으며 즐길 수 있도록 하고 다시 쌓아 보도록 격려한다. – 점점 높아지니까 흔들흔들하네. – 흔들흔들 하다가 쾅 무너져 버렸네. – 다시 해 볼까? 이번에는 어떤 모양으로 만들어 볼까?
확장활동 및 유의점	– 영아가 자유롭게 놀이할 수 있도록 환경을 마련하고 격려한다. – 다양한 블록을 이용하여 구성물을 만들어 볼 수 있다.

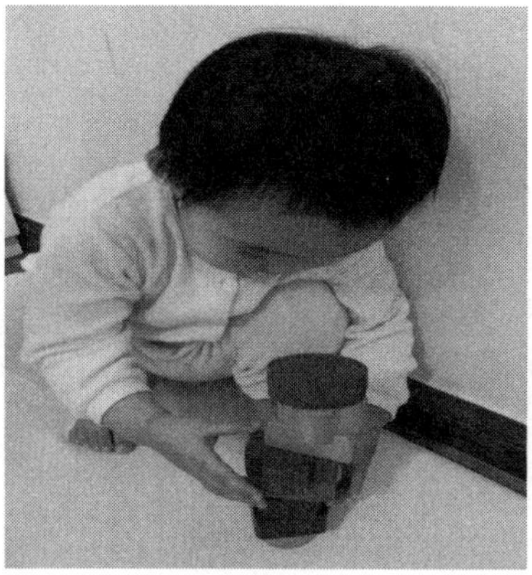

큰 블록으로 수영장 만들기

목표	· 쌓기놀이를 즐긴다. · 수영장을 표상하여 구성물을 만든다.
자료	· 큰 블록(스펀지 블록, 우레탄 블록 또는 벽돌 블록 등), 수영장 사진
놀이방법	① 쌓기영역에 큰 블록과 수영장 사진 자료를 제공하고 영아가 관심을 보이는지 관찰한다. ② 큰 블록과 수영장 사진을 탐색하는 영아의 모습을 관찰하며 언어로 표현해 준다. - 수영장에서 재미있게 놀이하는 사진을 보고 있었구나. - 물놀이를 하는 것 같구나. - 우리도 수영장 놀이를 해 볼까? ③ 수영장의 모습을 살펴보고 교사와 함께 큰 블록으로 수영장을 구성해 본다. - 큰 블록으로 선생님하고 같이 수영장을 만들어 보자.
확장활동 및 유의점	- 블록으로 구성한 수영장에서 수영용품을 준비해 가상으로 물놀이를 할 수 있다.

격자블록으로 놀아요

목표	· 격자 블록의 모양을 탐색한다. · 대·소근육 능력을 기른다.
자료	· 격자블록, 매트
놀이방법	① 다양한 색깔의 격자블록을 쌓기영역에 제공하고 탐색하는 과정을 영아별로 관찰한다. ② 격자블록을 탐색하는 과정을 관찰하며 상호작용 나눈다. - (블록을 가지고 노는 영아에게) ㅁㅁ이 앞에 블록이 있구나. - ○○가 들고 있는 블록은 모양이 어때? 격자블록이라고 해. ③ 격자블록을 늘어 놓으며 놀이하는 모습을 보여주고 영아가 해 볼 수 있도록 돕는다. - 선생님은 격자 블록을 모두 꺼내어 바닥에 놓아야지. - ○○도 선생님처럼 바닥에 격자블록을 놓아 볼까? ④ 영아가 격자블록을 이용하여 다양한 방법으로 놀이할 수 있도록 돕는다. - △△이도 선생님처럼 블록을 모아볼까? - 초록색 블록은 어디에 있을까? 초록색 블록만 모아볼까?
확장활동 및 유의점	- 영아가 원하는 방식으로 반복해서 탐색할 수 있도록 충분한 시간을 준다. - 충분한 양의 블록을 준비해 주어 친구와 함께 놀이를 할 수 있도록 돕는다.

촉감블록으로 방석 만들기

목표	· 블록마다 다른 촉감을 느낀다. · 촉감블록으로 다양한 구성물을 만들 수 있다.
자료	· 촉감블록
놀이방법	① 촉감블록을 바구니에 담아 쌓기영역에 제공하고 영아가 관심을 보이는지 관찰한다. ② 촉감블록을 이용하여 영아가 자유롭게 놀이하는 모습을 보며 상호작용한다. - 바구니 속에 들어 있던 블록을 갖고 놀이하는구나. - ㅁㅁ가 가지고 있는 블록은 말랑말랑하네. - 알록달록 여러 가지 색깔 블록이 있구나. ③ 교사가 촉감블록을 이용하여 놀이하는 모습을 보이며 영아가 관심을 가지고 모방할 수 있도록 한다. - 선생님은 부드러운 블록끼리 길게 연결해 봐야지. - ○○도 선생님이 놓은 보들보들한 블록 옆에 다른 블록을 찾아 놓아 볼까? ④ 촉감블록을 이용해 방석을 만들어 놀이해 볼 수 있도록 돕는다. - 말랑말랑한 촉감블록에 앉아 볼까? - 촉감블록에 앉으니까 편한데, 너무 작은 것 같아. 좀 더 크게 만들어 볼까?
확장활동 및 유의점	- 촉감블록으로 놀이를 하면서 어떤 기분이 드는지 언어적 상호작용을 하며 놀이한다. - 다양한 촉감을 경험해 볼 수 있도록 여러 촉감의 교구를 준비하여 놀이한다.

2) 유아를 위한 쌓기놀이 실제

얼음집 이글루

목표	· 이글루의 모양에 따라 블록으로 이글루를 만들 수 있다. · 쌓기놀이를 즐긴다
자료	· 흰색 종이로 싼 종이블록, 이글루 사진자료
놀이방법	① 추운 지방의 사람들에 대해 이야기 나누며 이글루를 소개한다. – 추운 지방에 사는 사람들은 얼음으로 집을 짓고 살기도 해. – 얼음으로 만든 집을 이글루라고 한단다. ② 준비된 자료로 얼음집을 만들어 보도록 돕는다. – 우리도 얼음집을 만들 수 있을까? – 얼음 모양의 이 블록을 이용하여 얼음집을 만들어 보자. ③ 유아의 활동을 격려한다. 만들어 놓은 얼음집에서 역할놀이를 해 보도록 돕는다.
확장활동 및 유의점	– 얼음으로 만든 다양한 집의 사진을 영역에 게시하여 활동에 대한 이해와 흥미를 높인다. – 유아들이 알고 있는 형태의 얼음집인 이글루 뿐만 아니라 보다 다양한 형태의 얼음집을 구성할 수 있도록 격려한다.

키만큼 쌓기

목표	· 자신과 타인의 신체에 관심을 갖는다. · 쌓기놀이를 즐긴다.
자료	· 종이벽돌 블록
놀이방법	① 블록으로 유아들의 키만큼 높이 쌓아 보기를 제안한다. – 우리 친구들 키만큼 높이 쌓으려면 블록이 얼마나 필요할까? ② 유아들끼리 서로의 키 만큼 쌓아 보고 블록의 수를 측정해 보도록 도울 수 있다. – ○○이가 블록을 높이 쌓았네. △△이 키만큼 쌓았구나. – △△이 키만큼 쌓는데 몇 개의 블록이 필요했니? 함께 세어 볼까? ③ 유아의 활동을 격려한다. 유아들끼리 서로의 키보다 더 높이 탑을 쌓아 보도록 돕는다. – 이번에는 누구의 키만큼 쌓아 볼까? – 키만큼 블록을 쌓아 보니 기분이 어땠니? – 우리들의 키보다 더 높게 쌓을 수 있는 방법에는 어떤 것이 있을까?
확장활동 및 유의점	– 블록을 높이 쌓을 때 무너져서 다치지 않도록 블록 쌓는 높이를 적절하게 조절해 준다. – 블록의 높이를 이용하여 친구들의 키를 비교해 본다.

교통놀이

목표	• 도로를 표상하여 구성할 수 있다. • 쌓기놀이를 즐긴다.
자료	• 우유곽 블록(우유곽, 색종이, 색지), 표지판, 신호등, 건물모형
놀이방법	① 준비된 우유곽 블록을 활용하여 길을 만드는 방법에 대해 생각해 본다. – 어떻게 길을 만들어 볼까? – 어떤 길을 만들고 싶니? ② 길을 만들기 위해 필요한 것에 대해 생각한다. – 무엇을 이용해서 길을 만들어 볼까? ③ 우유곽을 이용하여 길을 만든다. ④ 만든 길과 준비된 모형들을 가지고 놀이한다. ⑤ 활동을 평가한다. – 우유곽으로 길을 만들어 보니 느낌이 어떠니? – 만든 길을 이용해 무슨 놀이를 할 수 있었니? – 다음에 놀이할 때에는 어떻게 놀이하면 더 재미있을까?
확장활동 및 유의점	– 활동을 진행하면서 유아들과 함께 '도로'에서 지켜야 할 안전 약속이나 규칙에 대한 내용을 함께 다룰 수 있다. – 미술영역에서 다양한 재료를 사용해 도로의 표지판을 꾸민 후 놀이에 활용해 볼 수 있다. – 지역사회와의 연계활동 중 하나로 유아들이 직접 동네의 도로를 걷거나 관찰해 본 후 활동을 할 수 있다.

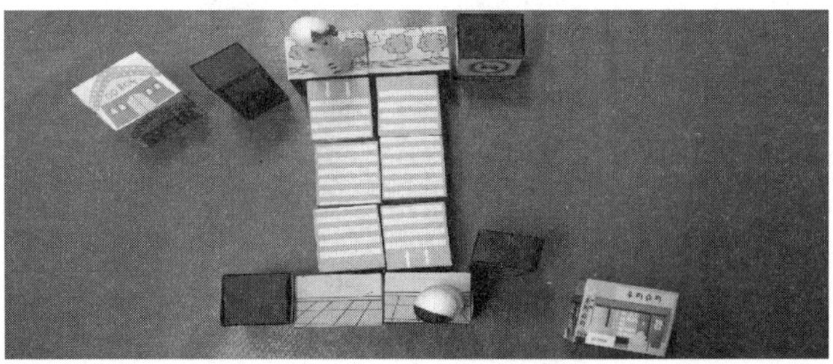

내 몸 속의 뼈

목표	· 블록을 안전하게 사용하는 방법을 안다. · 친구와 함께 놀이하기를 즐긴다.
자료	· 나무적목, 뼈 사진자료
놀이방법	① 나무 적목을 탐색해 보도록 돕는다. – 나무 적목을 한번 살펴보세요. – 나무 적목을 만져 보세요. 어떤 느낌인가요? ② 나무 적목을 이용하여 무엇을 만들지 이야기 나누고 활동방법을 알아본다. – 나무 적목을 이용해 우리 몸의 뼈를 만들어 보도록 해요. – 어떤 적목을 이용해서 만들어 보면 될까요? ③ 활동을 하면서 지켜야 할 약속을 정한다. ④ 약속을 지켜가며 적목으로 뼈대를 만들어 보도록 한다. ⑤ 여러 가지 재료를 이용하여 다양하게 길이를 재보도록 한다. – 어떤 것으로 길이를 잴 수 있을까요? – 벽돌블록으로 길이를 재보면 벽돌블록 몇 개 만큼의 길이가 되나요? ⑥ 활동을 한 후 평가한다. – 활동을 해 보니 느낌이 어땠나요? – 다음에 다시 활동을 해 본다면 나무 적목 말고 어떤 블록으로 만들어 보고 싶나요?
확장활동 및 유의점	– 우리 몸을 지탱해 주는 뼈대에 대해 이야기를 나누며 몸의 구조와 기관(뼈)에 대해 알아본다. – 길이를 잴 수 있는 다양한 방법에 대해 이해하고 직접 재볼 수 있도록 돕는다.

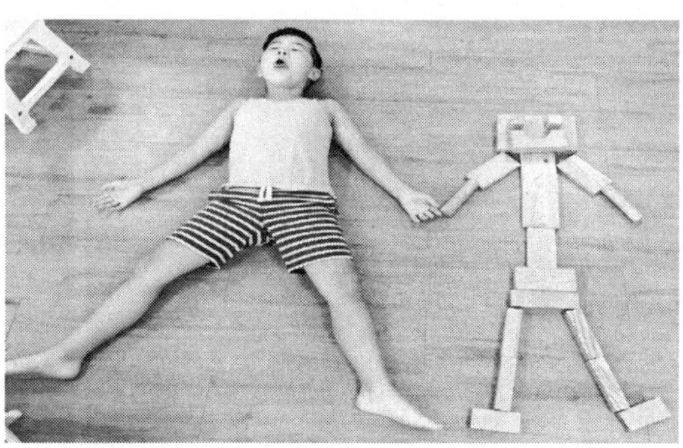

목욕탕 만들기

목표	· 친구와 협력하여 창의적인 공간을 구성할 수 있다. · 몸을 청결하게 해야 함을 안다.
자료	· 여러 종류의 블록, 여러 가지 소품 실물 자료
놀이방법	① 목욕탕에 가 본 경험에 대하여 이야기 나눈다. – 목욕탕에 가 본 적이 있니? – 목욕탕이 있어서 좋은 점은 무엇이니? ② 오늘의 활동과 준비된 자료들을 알아본다. – 쌓기영역에서 친구들과 '목욕탕 만들기' 활동을 해 보는 것은 어떨까? – 활동을 하기 위해 무엇이 필요할까? – 목욕탕을 만들어 보려면 무엇이 필요할까? ③ 활동을 하면서 지켜야 할 약속을 정한다. ④ 친구와 협력하여 '목욕탕 만들기' 활동을 한다. – 지금부터 '목욕탕 만들기' 활동을 해 보도록 할까? – 가장 먼저 무엇을 하면 좋을까? ⑤ '목욕탕 만들기' 활동이 끝난 후 평가한다. – '목욕탕 만들기' 활동을 해 본 느낌이 어떠니? – 다음에 다시 목욕탕을 구성하는 활동을 해 본다면, 어떤 소품이나 블록을 사용해 보고 싶니?
확장활동 및 유의점	– 자유선택활동 시, 역할영역과 연계하여 '목욕탕 놀이하기' 활동을 할 수 있도록 준비한다. – 지역사회와의 연계 활동 중 하나로 유아들과 우리 동네의 목욕탕을 직접 방문해 보는 활동으로 진행해 볼 수 있다.

Chapter 07

언어놀이와 영유아 교육

1. 언어능력의 발달과 교육
2. 영유아를 위한 언어놀이 실제

놀이영역 중 언어영역에서 일어나는 놀이를 언어놀이로 통칭한다. 언어놀이의 영역에는 듣기, 말하기, 읽기, 쓰기가 포함되는데 이러한 영역의 활동은 대체로 통합되어 나타난다. 영유아의 언어 표현 및 이해 능력의 발달을 도움으로써 궁극적으로 의사소통 능력의 향상을 도모할 수 있다. 먼저 언어가 어떻게 발달하는지 살펴봄으로써 영유아기 언어놀이를 계획할 수 있을 것이다.

1. 언어능력의 발달과 교육

1) 언어능력의 발달

한 단어가 나타나기 시작하기 전의 단계를 전언어 단계(prelinguistic period)라고 한다. 전언어 단계에는 울음과 옹알이가 나타난다. 생후 1년을 전후하여 영아들은 성인들이 알아들을 수 있는 첫 단어를 말한다. 이 때부터 18개월경까지를 한 단어 시기라고 하는데, 한 단어로 여러 가지 의미를 표현하는 시기이다. 18개월에서 24개월에는 어휘가 급속하게 증가하여 한 주에 10개 내지 20개의 단어를 학습하게 되는 어휘 폭발이 나타난다. 유아가 3세 말이 될 무렵에는 의도적으로 문법을 가르치지 않아도 기본적인 문법구조를 습득할 수 있으며 점차 성인의 언어와 비슷한 양상으로 말한다. 유아기에 들어서면서 유아들은 의사소통을 효율적으로 하기 위해서는 상대를 고려하여 말해야 한다는 것을 알지만, 종종 다른 사람의 입장을 생각하지 않고 자신의 관점에서만 이야기하는 자기중심적인 특성을 보인다.

언어놀이를 할 때 영유아들은 말하기를 즐기며 다양한 형태의 말놀이를 하기도 한다. 언어놀이 영역은 음성언어 영역과 문자언어 영역을 포함하고 있지만, 영유아들이 즐기는 언어와 관련한 놀이는 말놀이일 것이다. 말놀이는 언어의 특성을 바탕으로 하여 흥미롭게 말을 주고받거나 말들을 이어나가는 놀이로(박춘식, 1991), 유아들이 자발적으로 규칙을 정해 말을 주고받으며 말의 의미를 탐색하고 의미를 재확인하면서 말의 재미와 즐거움을 느끼는 놀이이다(송명희, 2010). 말놀이는 우리말의 재미와 즐거움을 느낄 수 있게 해 주며 유아들은 말놀이를 하면서 정확하게 묘사하고 발음하며 비유적으로 표현하는 능력을 기를 수 있다. 유아가 어휘의 의미를 정확하게 이해하고 자신이 익힌 어휘의 개념을 재확인하면서 효과적으로 언어를 사용해 볼 수 있도록 돕는 것, 자발적으로 활동에 참여하여 말을 주고받도록 돕는 것은 유아들의 의사소통 능력 및 사고력을 신장시킨다(김종훈, 2005).

말놀이의 유형은 연결형, 문답형, 전달형의 세 가지 형태로 나누어 볼 수 있는데, 말놀이의 유형을 살펴보면 다음과 같다(박효경, 2015).

표 13 말놀이의 유형

유형	종류	내용
연결형	소리 같은 말 찾기	음소, 음절, 낱말의 언어 형식이 부분적으로 동일한 말로 이어 나가는 말놀이
	낱말 찾기	주어진 조건이나 상황에 맞게 낱말들을 연상하여 이어 나가는 말놀이
	말잇기	앞 문장을 사용하여 다음 문장을 이어 나가는 말놀이
문답형	수수께끼	어떤 사물의 본질이나 속성을 비유하거나 빗대어서 그 말의 뜻을 알아맞히는 말놀이
	다섯 고개	어떤 사물을 모르는 상태에서 질문을 계속하여 그 사물을 알아맞히는 말놀이
	익은 말 찾기	관용어나 속담, 격언과 관련된 문제를 제시하면 답을 알아맞히는 말놀이
전달형	말 전달하기	말을 그대로 전달하여 내용을 재확인하는 말놀이

2) 언어놀이의 교육적 가치

언어 영역에서의 놀이 활동은 영유아들에게 다양한 학습과 성장의 기회를 제공한다. 이를 발달의 제반 영역에 따라 살펴보면 다음과 같다.

(1) 언어놀이와 정서 및 사회성 발달

유아들은 그림책을 보거나 성인이 들려주는 이야기를 들으며 이야기의 주인공과 동일시하며 이야기의 상황에 대해 기쁨이나 불쾌감을 표현한다. 이야기를 다른 친구들에게 들려주기도 하고 이야기를 극놀이로 표현하면서 사회적인 능력이 발달한다. 규칙이 있는 말놀이 게임은 유아들이 규칙을 지켜 놀이하는 방법에 대해 알게 해 준다. 정현주(2005)는 동시를 감상한 후 저널을 써 보는 경험이 유아의 정서지능에 미치는 영향을 연구하였는데 연구결과 유아의 자기인식능력, 표현능력, 자기조절 및 타인인식능력을 증진시키는데 효과가 있다고 보고하였다.

(2) 언어놀이와 인지발달

「사과가 쿵」,「모자장수 아저씨」와 같이 영유아들이 즐겨 보고 읽는 그림책은 영유아들이 어휘를 확장할 수 있도록 돕고 동시에 중력과 같은 과학적 개념을 인식하고 수세기, 분류개념 등의 수 개념 확장을 돕는다.

(3) 언어놀이와 창의성 발달

운율이 있는 동시를 읽고 자신의 경험과 느낌에 따라 동시를 지어 보는 경험은 유아들의 창의성 발달에 기여한다. 선행 연구들은 동화를 듣고 후속 이야기를 꾸며 보거나(최선혜, 2005), 환상동화를 이용하여 이야기짓기(소영란, 2015), 그림책을 활용한 철학적 토론 활동(유은주, 2014) 등이 유아의 언어 창의성에 기여함을 보고하고 있다.

[그림 31] 그림책을 보는 영아들

3) 언어놀이와 놀잇감

말하기, 듣기, 읽기, 쓰기에 따라 영유아기 언어놀이 자료를 정리해 보면 다음의 〈표 14〉와 같다. 유아교육기관에서 언어놀이 영역 자료를 구비할 때에는 다음을 참고할 수 있다(신혜은, 고태순, 장세희, 2011).

표 14 영유아를 위한 언어 놀이 자료

영아를 위한 언어놀이 자료	유아를 위한 언어놀이 자료
• 말하기 놀이를 위한 자료 손인형, 일상생활 용품의 사진과 이름이 있는 단어카드, 그림책 주인공, 자연물 등의 그림카드, 동화책(성인이 읽어 주는 리듬이 있는 단순한 그림책, 영아가 넘기기 쉬운 딱딱한 그림책, 플라스틱이나 비닐로 만든 소리를 내거나 빨 수 있는 그림책, 스펀지책, 헝겊책, 촉감책, 퍼즐책)	• 말하기 놀이를 위한 자료 작은 융판 및 융판자료, 이야기를 꾸밀 수 있는 그림조각, 손인형, 막대인형, 자석인형, 인형극 틀, 그림으로 읽는 동화, 녹음기, 마이크 등 • 쓰기 활동을 위한 자료 다양한 종류의 필기구, 화이트보드, 보드펜, 모양종이, 글자 바느질, 글자상자, 단어카드, 고무글자판과 스탬프, 잉크, 다양한 색과 크기

• **쓰기놀이를 위한 자료** 긁적거리기 도구, 종이, 입에 넣어도 무해한 부드러운 필기구	의 종이, 독서카드 용지, 연필깎이, 풀, 가위 등 • **듣기 활동을 위한 자료** CD플레이어와 CD, 헤드폰, 녹음기와 테이프, 소리상자 등 • **읽기 활동을 위한 자료** 주제에 따른 화보 모음책, 잡지류, 사전, 글자 카드, 다양한 문화권의 문학작품 그림책, 지식과 정보 그림책, 수수께끼책, 속담책, 이름 카드, 주사위를 이용한 게임용 글자 등
• 손인형, 낱말카드, 발달 수준에 적합한 그림책, 융판, 종이, 필기구	

2. 영유아를 위한 언어놀이 실제

1) 영아를 위한 언어놀이 실제

따라해 보세요

목표	· 다른 사람의 말을 주의 깊게 듣는다. · 지시에 따라 움직일 수 있다.
자료	· 지시사진 카드
놀이방법	① 영아와 함께 지시카드 속의 사진을 본다. – 사진 속 친구가 몸을 어떻게 하고 있니? ② 그림에 따른 이야기를 들려주며 이야기에 따라 영아가 몸을 움직여 보도록 돕는다. – 그림 속 ○○이가 팔을 벌리고 있어요. – 우리 친구도 따라해 보세요. ③ '나 처럼 해봐요.' 노래를 부르며 카드의 동작들을 해 본다. ④ 영아의 활동을 격려한다.
확장활동 및 유의점	– 동작의 형태를 언어로 구체적으로 표현해 준다. – 친구나 선생님의 몸짓을 따라해 볼 수 있다.

전화기놀이

목표	· 간단한 상황을 표상하여 놀이한다. · 말하기를 즐긴다.
자료	· 전화기(모형 전화기)
놀이방법	① 전화 소리를 내며 영아의 흥미를 유발한다. - 따르릉, 전화 왔어요. ② 전화기를 들고 이야기를 해 보도록 돕는다. - 여보세요? 거기 ○○이네 집이지요? ○○이 있어요? - 지금 무엇을 하고 있어요? ③ 영아의 활동을 격려한다. 상황을 만들어 가며 놀이할 수 있다. - 이번에는 ○○이가 전화를 걸어 볼까? - 누구에게 전화를 걸고 싶니? 〈1수준〉 1. 놀잇감 전화기에 관심을 가지는 영아를 관찰한다. 2. 영아가 관심을 보이며 교사와 상호작용하며 탐색한다. 〈2수준〉 3. 교사기 전화기 놀이하는 모습을 보여주고 모방하도록 한다. 4. 반복적으로 탐색하며 놀이한다.
확장활동 및 유의점	- 헝겊전화기, 실물전화기, 휴대폰 등 다양한 전화를 제공할 수 있다. - 친구들과 함께 상호작용하며 역할놀이로 확장할 수 있다. - 여러 가지 상황의 이야기를 해 볼 수 있도록 격려한다.

큰 종이에 끼적여요

<table>
<tr><td>목표</td><td>• 쓰기 도구를 활용하며 끼적거릴 수 있다.
• 끼적이기를 즐긴다.</td></tr>
<tr><td>자료</td><td>• 전지, 다양한 쓰기 도구</td></tr>
<tr><td>놀이방법</td><td>① 큰 종이(전지)를 제공하여 영아가 탐색하는 모습을 관찰한다.
② 영아가 큰 종이(전지)를 탐색하는 모습을 보며 상호작용을 한다.
– 여기에 커다란 종이가 있구나.
– 종이를 만져 볼까?
– 종이 위에 그림을 그려보자, 무엇으로 그릴까?
③ 교사가 영아와 함께 쓰기 도구를 골라 자유롭게 끼적이기를 해 볼 수 있도록 돕는다.
– ○○는 크레파스를 골랐구나.
– 큰 종이(전지)에 크레파스로 끼적여 볼까?
④ 영아가 큰 종이(전지) 위에 자유롭게 끼적이기를 할 수 있도록 격려한다.</td></tr>
<tr><td>확장활동
및
유의점</td><td>– 크레파스는 독성이 없고 손에 잘 묻지 않는 것으로 준비한다.
– 사인펜과 같이 선이 얇은 쓰기 도구를 준비하는 등 다양한 쓰기 도구를 준비할 수 있다.</td></tr>
</table>

물에 뜨는 그림책

목표	• 물에 뜨는 그림책에 관심을 갖는다. • 다양한 읽기자료에 관심을 갖는다.
자료	• 물에 뜨는 그림책, 수조
놀이방법	① 물에 뜨는 그림책을 제공해 주어 영아가 스스로 탐색해 볼 수 있도록 한다. ② 물에 뜨는 그림책에 관심을 보이는 영아와 상호작용을 나눈다. – ○○가 그림책을 들고 있구나. ③ 교사와 함께 물에 뜨는 그림책을 물에 넣고 볼 수 있도록 한다. – 이건 물에 넣어도 가라앉지 않고 뜨는 그림책이래. – 선생님과 물 속에 넣고 그림책을 보자. – (그림책을 수조 안의 물에 넣으며) 물에 책이 들어가도 책이 젖지 않네. ④ 영아가 물에 뜨는 그림책을 보면서 다양한 언어표현을 시도할 수 있도록 격려한다. – 이번에는 ○○가 물 속에 손을 넣어서 책을 넘겨 볼까?
확장활동 및 유의점	– 수조 안의 물은 미온수로 준비한다. – 물놀이보다는 그림책에 관심을 갖도록 돕는다.

음식 관련 그림책 보기

목표	· 그림책에 있는 다양한 음식을 탐색한다. · 다른 사람의 말소리를 모방하여 표현할 수 있다.
자료	· 음식 관련 그림책
놀이방법	① 음식 관련 그림책을 제공한 후 영아가 탐색하는 과정을 관찰한다. ② 영아가 그림책을 탐색하는 모습을 보며 상호작용을 한다. - ○○가 책을 보고 있구나. - 음식들이 있는 그림책인가봐. 표지에 음식들이 그려져 있구나. ③ 그림책 속 음식을 교사와 함께 탐색하며 본다. - 어디선가 맛있는 냄새가 나는 것 같구나. 어디에서 나는 걸까? ④ 책 속에 음식의 이름과 관련 의성어 및 의태어를 듣고, 표현을 시도할 수 있도록 한다. - (먹는 흉내를 내며) 냠냠냠~ 아~ 맛있다! - 보글보글 국도 있습니다~ 보글보글 끓고 있구나.
확장활동 및 유의점	- 잡지, 신문 등에서 음식 사진을 잘라 음식 책을 만들어 제공할 수 있다.

2) 유아를 위한 언어놀이 실제

수수께끼 상자

목표	· 친숙한 사물의 이름을 말할 수 있다. · 카드를 이용하여 간단한 문장을 만들 수 있다.
자료	· 수수께끼 상자(2개), 그림카드(동물, 사물)
놀이방법	① 수수께끼 상자를 보여주며 유아의 흥미를 유발한다. – 상자 안에 무엇이 들어 있을까? ② 각각의 그림 상자에서 그림카드를 하나씩 꺼내어 이야기를 만들어 본다. – ○○이가 무엇을 꺼냈을까? – 사자와 우산이네. 사자와 우산으로 이야기를 만들어 볼까? ③ 유아의 활동을 격려한다. – 사자가 우산을 쓰고 가는구나. 어디로 가고 있을까? – △△이는 무슨 이야기를 만들까?
확장활동 및 유의점	– 친숙한 동물이나 사물 그림카드(실물카드)부터 시작한다. – 언어영역에 카드를 배치하여 유아들이 직접 카드를 만들어 놀이할 수 있도록 격려한다. – 교사가 질문하고 유아가 답하는 것에 익숙해지면 유아끼리 문제를 내고 맞혀 볼 수 있도록 한다.

'사'로 시작하는 말

목표	· 동시의 내용을 이해한다. · 말놀이를 즐긴다.
자료	· 동시판, 빈 낱말카드, 보드마커펜, 활동지
놀이방법	① 준비한 동시판을 보여주며 동시를 먼저 읽어 주고 유아들이 들어볼 수 있도록 한다. ② 동시를 읽은 느낌을 이야기 나눈다. – '사자' 동시를 읽어 보니 느낌이 어때? ③ 다양한 방법으로 유아들과 함께 동시를 읽어 본다. – 어떻게 읽어 보면 재미있을까? – '사과, 사탕' 말고 '사'자로 시작하는 낱말에는 어떤 것이 있을까? ④ 유아 스스로 우리말의 재미를 느낄 수 있는 동시를 만들어 보도록 돕는다.
확장활동 및 유의점	– 또 다른 글자를 적어 보거나, 신문이나 잡지에서 글자를 찾아 동그라미 표시를 해 본다. – '사'로 끝나는 말도 찾아 써 볼 수 있다.

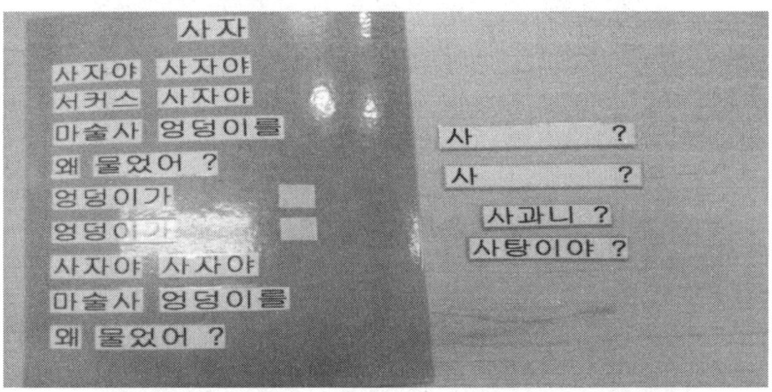

삼행시 짓기

목표	· 같은 소리 글자를 첫 자로 하여 짧은 문장을 만들 수 있다. · 말놀이를 즐긴다.
자료	· 종이, 쓰기도구
놀이방법	① 이름의 첫 자를 써 주며 유아들과 함께 삼행시를 지어 본다. – '이' 자로 생각나는 말이 있니? ② 유아들이 스스로 써서 삼행시를 만들어 보도록 돕는다. 글씨를 쓰기 어려워하는 유아의 경우에는 교사가 유아의 말을 듣고 써 줄 수 있다. ③ 유아의 활동을 격려한다. ④ 이름이 아닌, 다른 소재를 활용하여 삼행시를 지어 보도록 제안할 수 있다.
확장활동 및 유의점	– 삼행시 짓는 것을 어려워하는 유아는 교사가 도움을 준다. – 한지와 수수깡을 이용하여 족자를 만들어 유아가 지은 삼행시를 전시한다. – 활동이 끝나면 친구의 이름으로도 삼행시를 지어 볼 수 있다.

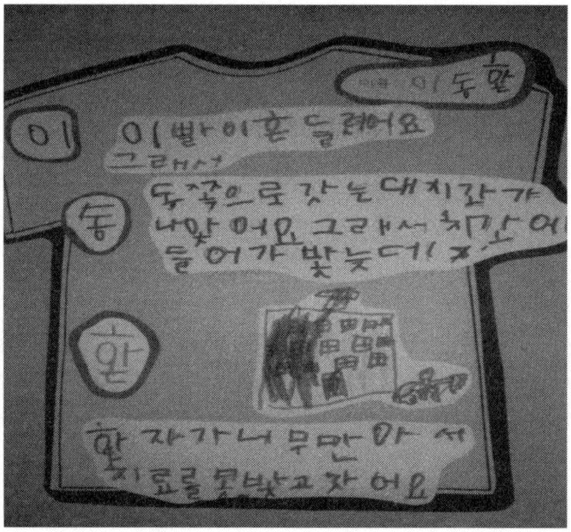

우리 동네 캠페인

목표	· 우리 동네를 아끼고 사랑하는 방법에 대해 안다. · 캠페인과 관련한 문구를 만들 수 있다.
자료	· 긴 띠, 쓰기도구, 꾸미기도구
놀이방법	① 우리 동네에 대해 이야기 나눈다. – 내가 좋아하는 우리 동네의 모습은 무엇이니? ② 우리 동네를 지키는 방법을 알아본다. – 우리가 우리 동네를 지킬 수 있을까? – 우리 동네를 지키는 방법은 어떤 것이 있을까? ③ 우리 동네를 지키는 캠페인을 한다면 무엇이 필요할지 생각해 본다. – 우리 동네를 지키는 캠페인을 한다면 무엇이 필요할까? ④ 우리 동네를 지키는 캠페인에 필요한 캠페인 띠의 문구를 만든다. – 그럼 오늘은 우리 동네를 지키는 캠페인 띠의 문구를 만들어 볼까? ⑤ 다양한 재료를 사용하여 캠페인 띠를 만든다. – 어떤 문구를 적으면 좋을까? – 어울리는 그림을 그려 꾸며 볼까? – 완성한 캠페인 문구를 친구들에게 읽어주고 소개해 볼까? ⑥ 활동을 마무리하고 평가한다.
확장활동 및 유의점	– 캠페인 띠를 활용하여 우리 동네 캠페인 활동을 한다. – 유아들이 다양한 문구를 작성할 수 있도록 유아의 생각을 존중한다. – 캠페인을 하는 사람들의 모습을 미리 준비하여 캠페인 띠의 역할과 활용한 예를 제공하면 활동이 더욱 원활하게 진행될 수 있다.

어린이 사소절

목표	· 우리의 옛 이야기에 관심을 갖는다. · 사소절을 읽고 이야기 나누는 것을 통해 어휘력을 기른다.
자료	· 한지, 붓펜, 낙관, 종이끈이나 고리
놀이방법	① '사소절'이라는 말에 대해 이야기를 나눈다. – 사소절이라는 말이 무슨 말일까? – 사소절은 생활 속의 작은 예절이라는 뜻인데 들어 본 적이 있니? – 사소절에는 어떤 내용이 들어 있을까? ② 어린이 사소절에 대해 이야기 나눈다. – 여기에 어떤 이야기가 있을까? – 사소절은 누가 만들었을까? – 우리가 집에서 쉽게 실천할 수 있는 것은 어떤 것들이 있을까? ③ 옛날 이야기를 들려주듯 어린이 사소절을 읽어 준다. – 사소절의 이야기를 들어 보니 어떠니? – 옛날과 오늘날에도 똑같이 우리가 하고 있는 것에는 어떤 것들이 있을까? ④ 각 내용에 따른 예절의 의미에 대해 나눈다. ⑤ 다 읽고 느낌을 나누고 유아가 생활 속에서 할 수 있는 부분들을 이야기해 본다. ⑥ 마음에 드는 구절을 적어 '나의 사소절 '책으로 만들어 본다.
확장활동 및 유의점	– 어린이 사소절을 중심으로 그림을 그려보거나 이야기 꾸미기 활동을 할 수 있다.

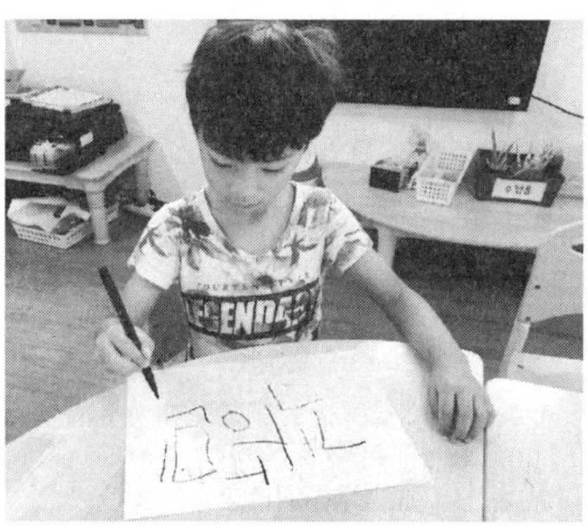

Chapter 08

수 · 조작놀이와 영유아 교육

1. 조작능력의 발달과 교육
2. 영유아를 위한 수 · 조작놀이 실제

조작놀이는 퍼즐이나 구슬 꿰기, 도미노 게임 등과 같이 어린이가 주로 책상 위에서 손과 손가락의 소근육을 사용해서 놀잇감을 맞추고, 분리하고, 재배열하는 등 여러 가지 방법으로 다루는 놀이이다. 따라서 조작놀이는 다른 놀이에 비하여 정적이고 탐색적인 특징을 지니며 영유아의 성장 · 발달에 중요한 영향을 미친다. 조작놀이를 통해서 신체적으로는 손목, 손가락 등 소근육의 운동 능력이 증진된다. 또한 눈과 손의 협응력이 향상되며 형태, 크기, 무게, 질감에 대한 개념이 습득되며 분류, 서열화, 그리고 수(數)에 대한 개념이 발달된다. 조각을 통해 사물을 표현하는 놀이는 관찰습관을 갖게 해 주며 탐구력과 응용력을 높이는데 많은 도움을 준다. 또한 하나의 물체를 만들기 위해 계획을 세우고 시도하는 데서 목표의 설정과 성취가 이루어져 그 교육적 가치가 크다고 하겠다.

조작놀이를 하는 영유아들은 자신의 능력에 자신감을 갖게 되며 성취감을 느끼게 된다(문화원형백과, 2015). 정적이고 주로 책상에서 하는 활동 특성 및 사물에 대한 탐색과 개념 형성이 함께 이루어지는 놀이의 특성으로 인해 수놀이와 함께 배치된다. 영아기에는 주로 조작놀이만으로 이루어지지만 연령이 증가함에 따라 수 · 조작놀이로 놀이가 확대된다.

1. 조작능력의 발달과 교육

1) 조작능력의 발달

처음에 영아들은 작은 물체를 잡기 위해 손 전체를 사용하지만 10개월이 지나면서 엄지와 집게손가락을 사용하여 작은 물체를 잡을 수 있게 된다. 유아기가 되면서 눈과 손의 협응과 소근육의 통제도 급속하게 발달하여 손의 사용이 점차로 정교해진다. 3세 유아는 엄지와 검지손가락으로 매우 작은 물체를 집을 수 있지만 아직 서투른 편이다. 단순한 조각 그림 맞추기를 할 수 있으나 맞출 수 있는 조각의 수는 많지 않다. 4세가 되면 선을 따라 가위로 종이를 오릴 수 있고 5세가 되면 글자나 숫자를 베껴 쓸 수 있는 정도가 된다.

우리나라 아동의 경우 젓가락질하기는 2세 6개월에서 3세경에 남아의 20%와 여아의 33%가 가능하다. 3세에서 3세 6개월 유아들 중 가위질을 할 수 있는 유아는 80~90%이고 단추 채우기를 할 수 있는 아동은 60~70% 정도로 나타났다(현온강 외, 2001; 정옥분, 2004, 재인용).

2) 수 · 조작놀이의 교육적 가치

수 · 조작놀이는 소근육의 발달 및 수학적 개념을 형성하고 발달시켜 나가는 데에 기여한다. 함께 놀이하는 과정에서 언어와 사회성도 발달하게 되는데 이를 발달의 제반 영역에 따라 살펴보면 다음과 같다.

(1) 수 · 조작놀이와 신체발달

영유아들은 구슬꿰기, 바느질놀이와 같은 놀이를 하며 소근육을 발달시킨다. 조작놀이는 손끝을 사용하여 놀잇감을 구성하고 조작하면서 노는 놀이로 손끝을 움직인다는 것은 몸의 움지임과 관련이 있어 소근육 발달 뿐만 아니라 대근육의 발달 및 뇌의 발달에 기여하게 된다. 눈과 손의 협응력의 향상에 기여하며 보다 정교한 손놀림을 발달시켜 나갈 수 있게 된다.

(2) 수 · 조작놀이와 인지발달

조작놀이를 할 때 영유아들은 사물에 대한 개별적인 탐색을 많이 하게 된다. 사물에 대한 탐색은 사물에 대한 호기심을 불러일으키고, 탐색 · 탐구하는 과정에서 물리적 지식에 대한 이해가 향상된다. 사물들끼리 비교, 순서짓기, 분류하는 과정을 통해 논리 · 수학적 지식이 발달한다. 보다 작은 사물들을 이용하여 놀이를 할 때 유아들은 집중력과 지구력이 증진되어 이러한 능력은 이후 학습 상황에 긍정적인 요인으로 작용하게 된다.

수 · 조작놀이는 유아들이 수학적 지식에 익숙해지도록 돕는다. 주사위를 던지면서 수를 읽고 수만큼 게임판의 말을 움직이는 것은 수 세기 개념을 형성하는데 기여하며, 퍼즐조각을 맞추어 보는 경험은 부분과 전체의 개념 형성에 도움이 된다. 규칙을 정하여 구슬을 꿰는 경험은 패턴에 대한 인식을 강화하고 작은 조각들로 구성하는 건물은 공간관계와 기하 개념 형성에 기여한다.

(3) 수 · 조작놀이와 사회 및 정서발달

다른 영유아들과 함께 하는 수 · 조작놀이는 유아들의 사회성 발달을 돕는다. 함께 하는 놀이는 공동의 목표를 가지고 규칙에 따라 이루어지기 때문에 유아들끼리의 의견이 일치되는 것이 필요하다. 의견조정을 위해 타인의 생각을 이해하게 되고 적절한 방식으로 자신의 의견을 이야기할 수 있다.

> 윤정이가 퍼즐을 맞춘다. 한참 맞추다가 손을 머리에 대고 인상을 쓴다. 학준이가 도와주겠다고 다가가자 윤정이는 머리를 흔들면서 인상을 쓴다. 학준이가 퍼즐을 만지자 윤정이는 "어, 어, 어, 하지마."하면서 신경질을 낸다. 학준이가 손에 들었던 퍼즐 조각을 내려 놓는다. 윤정이는 학준이가 말한 곳에 올려놓고 살며시 미소를 짓는다. 학준이가 다른 퍼즐 조각을 들고서 여기저기에 놓아 본다. 윤정이는 "그게 아닌데."라고 말한다. 한참 동안 두 유아는 고민을 하면서 퍼즐 조각을 놓아 본다.
>
> 윤정 : 어? 안 맞아.
> 학준 : 안 맞아? 어?
> 윤정 : 이제 알았다.
>
> 윤정이가 놓았는데 맞지가 않았다. 윤정이가 놓은 것이 힌트가 되어 학준이는 곧바로 "알았다. 아, 알겠다."하면서 퍼즐 조각을 들고 이리저리 대본다. 학준이가 퍼즐을 살펴보고 "아, 알았다. 딱 맞아." 하면서 박수를 친다. 그리고는 "잘했다. 어려운데 맞췄다. 야, 딱 맞췄다." 하고 웃는다. 윤정이도 "그래. 우리 또 하자."라고 하면서 활짝 웃는다…
>
> 〈관찰일지, 김은선, 2001에서 인용〉

위의 예를 보면 유아들이 퍼즐이라는 매개체를 가지고 상호작용하며 놀이하고, 함께 문제를 해결해 나가면서 성취감과 기쁨을 느끼는 모습을 볼 수 있다. 또한 다른 놀이에 새롭게 도전하는 모습을 볼 수 있다(김은선, 2001). 유아들은 사회적 관계 속에서 성장하며 성공 경험을 통해 자신감과 자아존중감이 발달한다. 이런 의미에서 수 · 조작놀이는 영유아들의 사회 · 정서발달에 긍정적임을 알 수 있다.

3) 수 · 조작놀이와 놀잇감

퍼즐, 작은 곡물, 바느질 도구, 지퍼 잠그기 등 영유아들의 조작활동을 돕는 놀잇감과 수 개념 발달을 돕는 놀잇감이 함께 구비되어야 한다. 유아교육기관에서 수 · 조작놀이를 위한 놀잇감을 구비할 때에는 다음을 참고할 수 있다(신혜은, 고태순, 장세희, 2011).

표 15 영유아를 위한 수 · 조작놀이 자료

세부 관련 영역	자료
비교 · 분류	동물, 식물, 그리고 음식과 같은 주제에 따른 그림 자료, 여러 가지 색과 모양으로 된 단추, 분류 카드
서열화	크기가 다른 막대, 책, 옷
수세기	숫자판, 숫자가 적힌 주사위, 시계, 수만큼 끼우기 자료
부분과 전체	동물 그림 퍼즐이나 동물이나 신체 부분 맞추기 그림판 (8~32조각)
측정	키재기 띠, 길이를 잴 수 있는 다양한 끈, 무게를 잴 수 있는 저울과 물건, 크기를 비교할 수 있는 다양한 크기의 우유팩
공간관계	미로, 도형 막대, 그림자 맞추기를 할 수 있는 놀이자료
패턴	패턴이 있는 옷이나 담요 등과 같은 실물 자료, 전통문양이나 스탬프를 이용한 패턴놀이, 패턴 모양판
통계	원이나 막대 모양의 그래프판
조작 활동	열쇠 · 자물쇠 맞추기, 볼트 · 너트 맞추기, 옮겨담기(물, 콩, 쌀 등)의 경우 핀셋, 나무젓가락 등을 사용하도록 하여 난이도 수준을 높여줌

2. 영유아를 위한 수 · 조작놀이 실제

1) 영아를 위한 수 · 조작놀이 실제

감각주사위

목표	· 다양한 형태의 움직임을 경험한다. · 소근육을 발달시킨다.
자료	· 감각주사위
놀이방법	① 영아와 함께 감각주사위를 탐색한다. ② 영아가 원하는 주사위 면의 활동을 해 보도록 돕는다. – 지퍼를 올려볼까? – ○○이는 끈을 가지고 놀고 싶구나. ③ 영아의 활동을 격려한다. 영아가 활동하기 어려워하면 교사가 방법을 시연할 수 있다. – 단추 끼우기는 좀 어렵구나. 선생님이 도와 줄게.
확장활동 및 유의점	등, 하원 또는 실외놀이 시 영아가 입고 있는 외투의 단추와 지퍼를 조작해 본다.

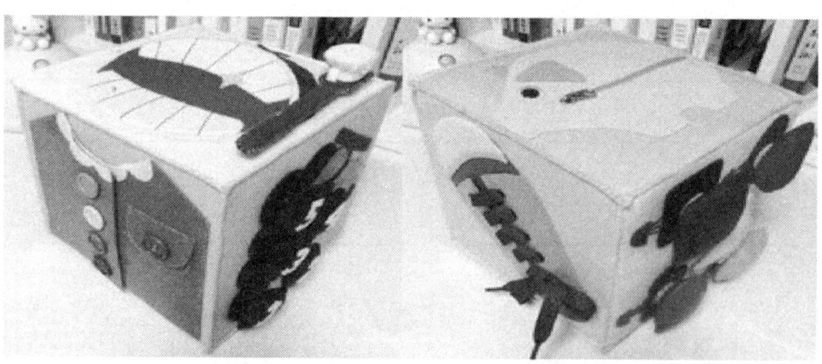

뚜껑 열고 닫기

목표	· 소근육을 발달시킨다. · 열고 닫는 경험을 통해 열려 있다/닫혀 있다의 개념을 이해한다.
자료	· 여러 가지 자료와 뚜껑
놀이방법	① 뚜껑을 열어 안에 있는 놀잇감을 꺼내 보며 영아의 흥미를 유발한다. – 똑똑똑! 이 안에 무엇이 있을까? ② 영아가 직접 뚜껑을 열어 보도록 돕는다. – ○○이가 열어 본 곳에 방울이 있네. 딸랑딸랑! – 다른 곳에는 무엇이 있을까? ③ 영아의 활동을 격려한다. 영아가 원한다면 뚜껑을 닫아 보도록 돕는다. – 이번에는 ○○이가 뚜껑을 닫아 줄까? – 방울도 집으로 가세요. ○○이가 문을 닫아 준대요.
확장활동 및 유의점	– 영아가 삼키지 않을 수 있는 크기로 제작한다. – 손이 다치지 않도록 유리 제품은 피한다.

퍼즐놀이

목표	· 꼭지를 잡고 퍼즐을 맞출 수 있다. · 넣고 빼는 조작활동을 즐긴다.
자료	· 영아용 퍼즐
놀이방법	① 퍼즐을 준비해 어떤 그림과 모양이 있는지 이야기해 본다. - 이건 무슨 모양일까? - 제 자리에 들어 갈 수 있도록 한번 자리를 찾아 주겠니? ② 난이도가 작은 퍼즐 조각부터 퍼즐 수를 적당히 늘려 가며 제시해 준다. ③ 퍼즐의 조각을 맞춰 보고 무엇인지 이야기 나누어 본다. - 잘 맞추었구나. 무엇이 되었을까? ④ 활동하며 힘든 부분은 상호작용을 통해 완성할 수 있도록 돕는다. - 이 모양은 어디에 가면 좋을까?
확장활동 및 유의점	- 소근육의 발달은 영아마다 차이가 있으므로 난이도를 나누어 준비해 준다. - 종이퍼즐, 스펀지 퍼즐, 원목퍼즐 등 다양한 감각을 탐색할 수 있는 퍼즐 교구를 준비할 수 있다.

컵 쌓기

목표	· 몇 개의 컵을 쌓을 수 있다.
자료	· 컵블록
놀이방법	① 컵블록을 제공하여 영아가 자유롭게 탐색하도록 돕는다. ② 영아가 컵블록을 이용하여 자유롭게 놀이 하도록 한다. - OO은 컵블록을 꺼내 보고 있구나. - 빨간 컵을 파란 컵 위에 쌓아 주었네. - △△이도 OO이처럼 컵블록을 쌓고 있구나. ③ 다양한 방법으로 컵 쌓기를 즐기며 영아의 놀이 활동을 격려해 준다. - OO가 차곡차곡 쌓고 있네? - 선생님도 OO처럼 쌓아 보아야겠어요. ④ 영아가 다양한 블록으로 쌓기놀이를 해 볼 수 있도록 격려한다. - OO은 컵을 길게 나열해 주었구나. - △△이는 벽돌블록을 아주 높~~이 쌓아 주었네? ⑤ 컵블록과 벽돌블록을 함께 사용하여 구성놀이를 할 수 있다. - 이번엔 커다란 성을 만들어 볼까? - OO은 성벽을 만들고 선생님은 지붕을 만들어 볼게요.
확장활동 및 유의점	- 영아가 컵 쌓기를 충분히 즐길 수 있도록 교사는 놀이를 관찰하고 격려한다. - 점차로 컵의 갯수를 늘려가며 활동할 수 있다.

2) 유아를 위한 수 · 조작놀이 실제

무 자르기

목표	· 도구를 이용하여 일정한 크기로 자를 수 있다. · 부분과 전체의 개념을 이해한다.
자료	· 무, 빵칼
놀이방법	① 유아들이 무를 잘라 보도록 한다. ② 적당한 크기로 자르도록 돕는다. 이때 교사가 적당한 크기를 제안할 수 있다. – 우리가 한 입에 먹을 수 있도록 이 정도의 크기로 잘라 보자. ③ 커다란 무가 작은 조각으로 나뉘는 것을 인식하도록 돕는다. – 처음의 무와 지금의 무는 어떻게 다르니? ④ 유아들이 자른 무로 무국을 끓이는 등의 요리를 해서 먹는다.
확장활동 및 유의점	– 빵칼을 안전하게 사용하도록 지도한다.

토끼와 거북이

목표	· 간단한 덧셈을 할 수 있다. · 규칙을 지켜 놀이한다.
자료	· 게임판, 말(토끼, 거북이), 숫자주사위 2개
놀이방법	① 토끼와 거북이 이야기를 회상하며 활동을 도입할 수 있다. ② 자료를 보여 준다. 게임판을 살펴보며 놀이방법에 대해 생각해 본다. ③ 게임을 한다. 게임방법은 다음을 참고한다. – 순서를 정한다. – 순서에 따라 말을 정한다. – 주사위 두 개를 동시에 던져 나온 숫자를 더해 본다. – 더한 숫자만큼 앞으로 전진한다. – 먼저 도착점에 도착한 유아가 이긴다. ④ 유아의 활동을 격려한다.
확장활동 및 유의점	– 승부보다는 즐겁게 참여하도록 유도한다. – 게임의 규칙은 유아들의 의견에 따라 바꾸어 볼 수 있다.

나누어 먹어요

목표	· 수 세기와 간단한 나눗셈을 할 수 있다. · 일상생활에서 분수의 개념을 이해한다.
자료	· 모형 피자, 모형 김밥
놀이방법	① 토핑을 함께 하며 피자에 대한 관심을 유발한다. ② 피자가 몇 조각인지 세어 보고 유아 수에 따라 나누어 보도록 돕는다. - 피자조각이 모두 몇 개니? - 우리 친구들이 피자를 나누어 먹는다면, 몇 개씩 먹을 수 있을까? ③ 유아 수가 달라짐에 따라 피자 조각의 수가 변화하는 상황을 비교해 본다. - 친구들이 3명이 있을 때, 6명이 있을 때 피자는 어떻게 나누어 먹을 수 있을까? ④ 모형 김밥을 활용하여 위와 같이 활동해 볼 수 있다.
확장활동 및 유의점	- 나눔(분수)에 관련된 동화나 퍼즐을 이용해 분수의 의미를 알 수 있도록 돕는다.

건축물 바느질

목표	· 세계 여러 나라 건축물의 형태에 관심을 가진다. · 바느질을 통해 소근육 능력을 기른다.
자료	· 여러 나라 건축물 그림 자료, 여러 나라 건축물 바느질 그림본, 털실, 바늘, 가위
놀이방법	① 우리나라의 남대문 그림을 보며 이야기 나눈다. - 이 건축물을 본 적이 있니? - 이 건축물의 이름은 무엇일까? - 남대문은 언제 만들었을까? ② 다른 나라의 건축물 그림을 보며 이야기 나눈다. - 이 건축물을 본 적이 있니? - 어디에서 보았니? - 이 건축물의 이름을 알고 있니? - 어느 나라의 건축물일까? ③ 실을 꿰는 순서에 따라 바느질을 해 보도록 돕는다. - 실을 당길 때 어떻게 당겨야 할까? - 어떤 순서로 바느질을 해야 건축물 모양이 만들어질까? ④ 활동 후 평가를 한다. - 모양에 따라 바느질을 할 수 있었니?
확장활동 및 유의점	- 바느질 할 구멍의 수는 유아의 발달 수준을 고려하여 조정한다. - 실 매듭을 묶기 어려울 경우 실의 처음과 끝 부분에 투명 테이프를 붙여 처리한다.

우리 동네 모여라

목표	· 내가 살고 있는 동네에 관심을 가진다. · 수의 많고 적음을 비교할 수 있다.
자료	· 활동 그래프, 쓰기도구나 유아 이름표
놀이방법	① 우리 동네에 대해서 이야기 나눈다. – 우리 동네에서 좋아하는 장소가 있니? – 그 장소를 좋아하는 이유는 무엇이니? ② 여러 동네의 이름을 알아본다. – 내가 사는 동네의 이름을 말해 볼 수 있는 친구가 있을까? – 같은 동네에서 사는 친구들은 손을 들어 보도록 할까? – 다른 동네에서 사는 친구들도 있니? ③ 오늘의 활동과 준비된 재료들을 알아본다. – 오늘 '우리 동네 모여라 그래프' 활동을 해 보자. – '그래프'라는 말을 들어 본 적이 있니? ④ '우리 동네 모여라 그래프' 만들기 활동을 한다. ⑤ 활동한 느낌을 이야기 나눈다. – 내가 살고 있는 동네에 대해 활동해 보니 기분이 어땠니? – 우리 반 친구들이 가장 많이/적게 살고 있는 동네의 이름은 무엇이니?
확장활동 및 유의점	– 수의 많고 적음을 다양한 방법으로 경험할 수 있도록, 다양한 기준을 제시하여 유아들이 그래프 활동에 자유롭게 참여할 수 있도록 격려한다. – 자유선택활동 시, 미술영역에서 '우리 동네 이름 카드 만들기' 활동을 통해 유아들이 우리 동네를 나타내는 카드를 직접 만들고 꾸며 보는 활동으로 확장할 수 있다.

Chapter 09

미술놀이와 영유아 교육

1. 미술능력의 발달과 교육
2. 영유아를 위한 미술놀이 실제

미술놀이는 손을 이용한 표현 위주의 미술교육에서 벗어나 영유아의 오감을 자극하고 신체를 많이 이용한 미술활동을 말한다. 소극적이고 수동적 미술활동이 아닌 적극적이고 능동적인 활동이 일어난다. 놀이로써 미술은 결과물을 완성해야 하는 미술활동과 달리 자유로운 미술활동을 통해 내적 동기를 부여하고 결과보다는 과정을 중시하며 영유아의 성취도를 높여 스스로 활동에 만족할 수 있도록 하는데 그 의의가 있다고 할 수 있다(이성미, 2006).

1. 미술능력의 발달과 교육

1) 미술능력의 발달

로웬펠드(Lowenfeld, 1987)는 미술능력의 발달을 착화(scribbling) 단계, 전도식(pre-schematic) 단계, 도식(schematic) 단계, 패거리(gang age) 단계, 의사 사실적(pseudo-naturalistic) 단계의 6단계로 구분하였다. 로웬펠드(Lowenfeld)에 따르면 영유아기는 착화 단계와 전도식 단계에 있으나 유아들의 그림에서 종종 도식(schematic) 단계에 있는 그림을 발견할 수 있다. 착화 단계, 전도식 단계, 도식 단계를 구체적으로 살펴보면 다음과 같다.

(1) 착화(scribbling) 단계(2~4세)

초기에 아이들은 무엇인가를 표현하려는 목적을 가지지 않고 종이 위에 의미가 없는 여러 가지 선을 끼적인다. 이 같은 무의미한 선묘를 착화라고 한다. 초기에는 순전히 운동감각적인 무질서한 착화가 나타나지만 중기에 이르면 영아가 자신의 손놀림과 그 결과에 따른 흔적 간의 관계를 알게 되면서 조절된 착화 형태가 나타난다. 후기에 이르면 착화에 이름을 붙인다. 후기의 착화 단계는 명명 단계로서 이 시기는 발달에 있어 중요한 의미를 지닌다. 즉 이전까지는 자신의 동작에 대한 흔적만을 인식했다면 이 시기에 이르면 흔적과 주변 세계의 사물과 상황을 연관시키게 된다. 즉 감각운동적 사고(kinesthetic thinking)로부터 상상적 사고(imaginative thinking)로 전환하게 된다.

[그림 32] 명명 단계에서 전도식 단계로 이행하고 있는 영아의 그림

(2) 전도식(preschematic) 단계(4~7세)

명명 단계와 전도식기 그림과의 차이는 전자는 그림을 그린 영아만이 알아볼 수 있고 다른 사람은 알아볼 수 없지만 전도식기 그림은 무엇을 그렸는지 어렴풋이 나마 알게 된다는 것이다. 이 시기의 그림은 원을 사용한 조합이 중심이 되는데 원에서 방사선형으로 뻗는 선과의 조합은 태양 도형이라고 하며 만달라(mandala)라고 부른다. 여러 가지 그림들을 아무런 연관이 없이 나열식으로 그리기 때문에 마치 상품 선전에 쓰이는 카탈로그와 비슷하다고 하여 '카탈로그기' 라고도 부른다.

(3) 도식(schematic) 단계(7~9세)

지금까지는 마음에 떠오르는 이미지를 서로 연관성이 없이 나열했지만 이 단계가 되면 한 장의 그림으로서 연결이 생긴다. 그림 속에 공간의식이 생기며 이에 따라 화면에 기저선이 나타난다. 대상물들은 가장 특징적인 것을 나타낸다.

[그림 33] 전도식 단계에서 도식 단계로 이행하고 있는 유아의 그림

2) 미술놀이의 교육적 가치

미술놀이는 인간이 지닌 감성을 풍부하게 하고 주체적인 표현과정을 통해 미적 정서가 고양되도록 하며 이러한 경험들이 영유아의 조화로운 성장에 도움을 준다(임의선, 2008). 미술놀이의 교육적 가치를 발달의 제반 영역에 따라 살펴보면 다음과 같다.

(1) 미술놀이와 신체발달

연령이 증가함에 따라 영유아는 다양한 도구들을 활용하여 미술활동을 하는 것을 즐긴다. 크레파스, 색연필, 사인펜 등과 같은 그리기 도구의 사용과 종이, 가위, 점토 등과 같은 만들기를 위한 도구의 사용은 영유아들의 소근육 발달에 도움이 된다. 불어서 그리기와 큰 붓으로 그리기와 같이 움직임이 큰 미술놀이는 영유아의 신체발달에 긍정적으로 기여한다.

(2) 미술놀이와 인지발달

미술놀이를 할 때 영유아들은 다양한 재료들을 사용하게 되는데 이 과정에서 사물의 물리적 특성을 이해하게 된다. 자신의 작품에 사용될 자료를 오리고 붙이는 과정에서 비교 및 측정과 같은 수학적 개념을 획득하게 된다. 점토로 사람이나 동물을 만드는 것은 부분과 전체를 인식하고 형태를 인식하는 능력을 기르는데 유용하다. 예를 들어, 얼굴과 몸통 및 팔다리의 위치를 고려하여 만드는 조형활동은 유아들의 공간관계 개념 형성을 돕는다. 무엇보다 미술놀이는 여러 가지 재료를 다양한 방법으로 사용할 수 있는 경험을 제공하기 때문에 다양성과 유창성 및 융통성을 구성요인으로 하는 창의성의 발달에 도움이 된다.

(3) 미술놀이와 사회 및 정서발달

자유롭게 창작할 수 있는 분위기 속에서 자신이 선택한 미술활동을 하며 서로의 생각을 공유하게 된다. 자신이 만든 작품을 소개하기도 하고 다른 사람의 작품에 관심을 가지면서 상호관계가 발달한다. 실제로 대부분의 미술활동은 성격상 사회적이다. 크레용이나 물감, 종이 등이 제한되어 있으므로 서로 나누어 쓰게 된다. 여기에서 영유아들은 나눔(sharing)이 집단생활의 일부가 된다는 것을 알게 된다. 다른 친구의 붓을 씻어 주거나 종이에 풀칠하는 것을 도와주는 경험을 통해 협력(cooperation)의 의미를 알게 된다. 자신의 작품을 완성하는 과정에서 성취감을 느끼고 자신의 작품에 대해 다른 사람이 관심을 보이거나 칭찬을 하면 스스로의 능력에 대한 긍지를 느끼게 되어 자존감(self- esteem)이 발달하게 된다.

유아들은 대상물을 그리는 것이 아니라 감정을 그리며, 생각한 것을 표현하는 것이 아니라 어떻게 느끼는가를 표현한다. 아직 말로 표현하지 못하는 자기의 슬픔이나 기쁨, 사랑이나 적대감, 불안 이밖에 다양한 정서를 표현한다. 미술놀이는 색, 선, 형태를 통해 언어의 개입 없이 자기의 정서와 감정을 투영하게 하여 유아들에게 정서적 해방감을 선사한다. 자신의 불안이나 감정을 누구에게 털어놓지 않더라도 미술활동을 하면서 불안에서 해방되고 만족을 얻는다(임영서, 1998).

3) 미술놀이와 놀잇감

유아교육기관에서 미술놀이를 위한 놀잇감을 구비할 때에는 다음을 참고할 수 있다(신혜은, 고태순, 장세희, 2011).

표 16 영유아를 위한 미술놀이 자료

<table>
<tr><th>영아를 위한 미술놀이 자료</th><th>유아를 위한 미술놀이 자료</th></tr>
<tr><td>• 스티커, 고무점토, 밀가루 반죽, 찍기놀이용 도장 등의 만들고 찍는 도구들

• 수수깡 자른 것, 색종이나 그림 자른 모양들, 다양한 크기의 상자들

• 못 쓰는 잡지나 그림이 있는 책</td><td>• 다양한 종이류(화방지, 흑지, 벽지, 모조지, 포장지, 골판지, 한지 등)

• 다양한 그리기 도구들(색분필, 파스텔, 먹물, 매직, 식물즙 등)

• 다양한 만들기 자료(셀로판테이프, 종이테이프, 펀치 등의 각종 도구류)
(점토, 톱밥, 나무젓가락, 빨대, 고무 밴드, 털실, 스티로폼, 모루, 스펀지, 솜, 수수깡, 자연물 등의 각종 자료들)
(크고 작은 상자, 병뚜껑, 휴지 속말이, 플라스틱병, 요구르트통, 달걀판, 헌잡지, 단추, 나무막대, 종이컵, 옷감 등의 폐품류)

• 그림화보, 민화집, 명화집 등의 책</td></tr>
<tr><td colspan="2">• 각종 종이류(도화지, 색종이, 시험지, 신문지, 잡지, 셀로판지, 한지 등의 각종 종이류)
• 그리기 도구(크레파스, 색연필, 연필, 물감, 붓, 사인펜 등)
• 만들기 도구(가위, 풀, 테이프 등)</td></tr>
</table>

2. 영유아를 위한 미술놀이 실제

1) 영아를 위한 미술놀이 실제

뿌려서 그리기

목표	• 소근육 능력을 기른다. • 다양한 자료를 이용하여 작품을 만들 수 있다는 것을 안다.
자료	• 작은 분무기, 색물, 도안이 있는 종이
놀이방법	① 준비된 토끼 그림을 탐색한다. – 여기 누가 있니? – 깡총깡총 토끼가 우리 반에 놀러 왔어요. ② 분무기로 뿌려서 토끼를 꾸미도록 돕는다. – 토끼가 옷을 예쁘게 만들어 주라고 하네. – ○○이가 만들어 줄까? ③ 영아의 활동을 격려한다. – 토끼가 ○○이가 토끼의 옷을 예쁘게 꾸며 주었구나. – ○○의 그림을 어디에 놓아둘까?
확장활동 및 유의점	– 옷에 묻지 않도록 미술용 앞치마를 착용한다. – 전지 또는 흰색 배경 위에 아세테이트지를 붙인 후 뿌리면 색을 더 잘 볼 수 있다.

불어서 그리기

목표	• 다양한 방법으로 그림을 그릴 수 있다는 것을 안다. • 움직임에 따른 그림을 관찰하며 인과관계를 경험한다.
자료	• 구슬, 색물, 전지, 별 모양 스티커
놀이방법	① 전지에 별 스티커를 붙이며 밤하늘을 상상한다. – 반짝반짝 작은 별, 어디에 있을까? ② 준비된 자료로 어떻게 밤 하늘을 꾸밀지 생각해 보도록 돕는다. – 여기에 색물과 수저가 있네. 이것들로 그림을 그릴 수 있는 방법이 있을까? ③ 영아의 의견을 존중한다. 영아의 의견에 따라 활동을 해 볼 수도 있고 색물을 도화지 위에 떨어뜨린 후 불어서 그림을 그릴 수도 있다. – ○○이가 숟가락으로 그림을 그리는구나. 숟가락으로 그림도 그릴 수 있네. – 선생님처럼 물감을 불어 보자. 물감이 어떻게 되었니? ④ 영아들이 함께 만든 작품을 감상하도록 돕는다. – 우리들이 함께 그림을 그려 본 느낌이 어떠니? – 다음에 또 해볼까?
확장활동 및 유의점	– 숟가락을 입에 넣지 않도록 지도하며 활동한다. – 불어서 표현하기 힘든 경우 전지를 기울여서 물감이 흐르는 모습을 살펴본다

손으로 문지르기

목표	• 물감이 서로 섞이는 과정을 탐색한다. • 물감을 손으로 문질러 그림을 그릴 수 있음을 안다.
자료	• 물감, 물감 접시, 여벌옷
놀이방법	① 물감를 제공한 후 영아가 탐색하는 과정을 관찰한다. ② 물감에 관심을 보이면 납짝한 접시(또는 쟁반)에 직접 짜 보며 탐색하도록 돕는다. – 예쁜 색깔의 물감들이 있네. – 물감을 그릇에 짜 볼까? – 어떤 색 물감을 짜 볼까? 쭈욱~ 물감이 떨어졌네. ③ 손가락으로 물감을 문지르며 그림을 그려 본다. 손으로 만지는 것에 거부감을 보이면, 면봉, 붓 등을 이용해 그려 볼 수 있도록 한다. – 손가락으로 물감을 꾹 눌러 볼까? – 어떤 느낌이야? ④ 문지른 물감 위에 다른 색 물감을 섞으며 색이 섞이는 것을 관찰하도록 돕는다. – 이번엔 무슨 색 물감을 넣어 볼까? – 노랑색과 초록색을 같이 넣고 문질러 볼까?
확장활동 및 유의점	– 물감을 입에 넣지 않도록 지도하며 활동한다. – 물감놀이를 위해 여벌옷을 미리 준비하여 자유로이 탐색할 수 있도록 한다. – 활동 후 교실 벽에 완성한 그림을 전시한다.

야채 도장 놀이

목표	• 다양한 야채에 관심을 갖는다. • 야채 도장 찍기를 하며 다양한 색과 모양을 경험한다.
자료	• 여러 가지 야채, 스탬프, 물감, 그릇, 종이
놀이방법	① 야채를 바구니에 담아 제공한 후 영아가 탐색하도록 돕는다. ② 영아가 야채를 탐색하는 모습을 보며 이야기 나눈다. – ○○야, 이건 뭘까? – 이건 피망이야. 킁킁 냄새를 맡아 볼까? – 피망은 어떤 맛이 날까? ③ 야채 단면을 스탬프로 찍어 야채 도장을 찍는 모습을 보여주며 영아도 해 볼 수 있도록 격려한다. – 선생님은 피망을 스탬프에 쿵쿵~ 해서 도장처럼 찍어 봐야지. – 우와~ 종이에 피망 모양이 나왔어. ④ 여러 가지 야채 단면에 물감을 골고루 묻힌 후 종이 위에 마음대로 찍어 보며 다양한 색과 모양을 경험할 수 있도록 한다. – ○○야, 감자에 골고루 물감을 묻혀 보자. – 종이에 한 번 찍어 볼래? – 우리 다른 채소도 찍어 볼까?
확장활동 및 유의점	– 3~4가지의 야채를 준비하여 탐색해 보도록 돕는다. – 찍어서 모양이 나타나는 과정을 경험함으로써 행위와 결과 간의 관계를 인식하도록 도울 수 있다.

미끌미끌 거품 그림

목표	· 다양한 자료로 그림을 그릴 수 있다는 것을 안다. · 다양한 촉감을 경험한다. · 감정을 발산한다.
자료	· 쉐이빙 크림, 투명 비닐, 물감
놀이방법	① 바닥에 비닐을 깔아 두고 영아가 비닐을 탐색하도록 돕는다. ② 비닐 위에서 놀이하는 영아와 이야기를 나눈다. - 비닐 위에 올라가 보니 어떠니? - 비닐이 미끌미끌해요. ③ 비닐 위에 쉐이빙 크림을 짜고 함께 탐색한다. - ○○아 선생님이랑 거품 놀이를 할까? - 하얀 거품이 쭈욱 나오네? ④ 쉐이빙 크림을 이리저리 문질러 보며 손가락의 움직임에 따라 생기는 흔적들을 관찰한다. - ○○아, 두 손으로 거품을 문질러 볼까? - 와~ 동그라미가 생겼네! ⑤ 쉐이빙 크림 위에 물감을 몇 방울 떨어뜨리고 문지르며 색 거품으로 자유롭게 그림을 그릴 수 있게 돕는다. - ○○야, 여기 물감을 떨어뜨려 보자. 손으로 문질러 볼까? - 예쁜 색깔의 거품이 되었네
확장활동 및 유의점	- 영아가 활동 시 거품을 입에 가져가거나 먹지 않도록 주의한다. - 영아가 쉐이빙 크림을 밟고 미끄러져 넘어지지 않도록 유의한다.

2) 유아를 위한 미술놀이 실제

점토에 구성하기

목표	・ 점토를 활용하여 다양한 표현을 한다. ・ 소근육 능력을 기른다.
자료	・ 점토, 꾸미기 자료
놀이방법	① 점토를 주무르고 탕탕 쳐서 평평한 모양을 만든다. ② 유아가 원하는 자료를 이용하여 점토 위에 꾸미기를 한다. – 어떤 자료를 이용해서 꾸미고 싶니? ③ 완성된 작품을 그늘에 말린다. ④ 이야기 나누기 시간에 작품을 발표하며 서로 공유할 수 있다. – ○○이가 만든 작품을 친구들에게 소개해 줄래?
확장활동 및 유의점	– 점토로 만든 것을 활용하여 역할영역에서 사용할 수 있다. – 점토, 클레이, 찰흙, 밀가루 반죽 등 다양한 재료를 활용하여 놀이할 수 있다.

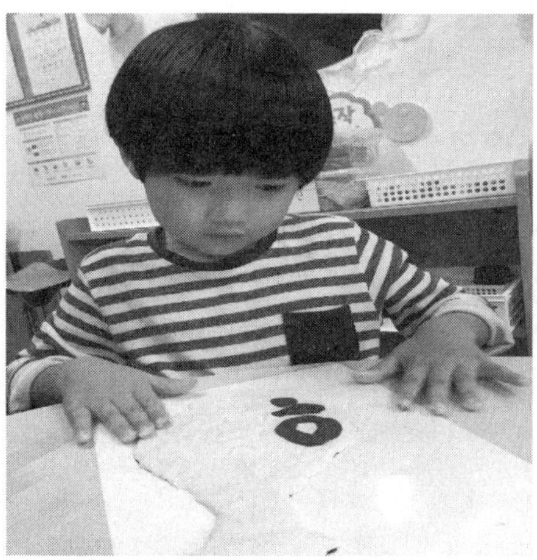

석고 반죽으로 만들기

목표	· 석고의 변화과정에 관심을 갖는다. · 작품을 완성하는 과정에서 성취감을 갖는다.
자료	· 유리병, 석고 반죽, 구슬 등의 꾸미기 자료, 사진
놀이방법	① 석고가루를 물에 갠다. – 하얀 석고가 물과 만나면 어떻게 될까? ② 유리병에 사진을 붙인다. – 유리병에 ○○이 사진을 붙이자. ③ 물에 갠 석고 반죽을 유리병에 바른다. ④ 구슬 등의 꾸미기 자료를 석고 반죽에 붙여 가며 꾸민다. – 어떤 자료로 꾸밀까? – ○○이는 구슬로 꾸미고 △△이는 조개껍질로 꾸미는구나. ⑤ 그늘에 말린 후 일정기간 동안 전시한다.
확장활동 및 유의점	– 유리병, 조개껍질 등을 사용할 경우 안전에 유의한다. – 자신이 만든 작품을 다른 유아들에게 소개할 수 있도록 돕는다.

바닷속 물고기

목표	· 다양한 자료를 이용하여 작품을 만들 수 있다는 것을 안다. · 협력하여 만든 작품에 대해 성취감을 갖는다.
자료	· 재활용 CD, 본드, 꾸미기 자료
놀이방법	① 바닷속 물고기들의 모습을 상상해 보도록 돕는다. – 바닷속에는 어떤 물고기들이 살까? ② 준비된 자료를 이용하여 유아들이 상상한 물고기를 만들어 보도록 돕는다. – ○○이는 어떤 물고기를 만들고 싶니? ③ 유아들의 개별 활동을 격려한다. 개별 활동을 통해 만든 물고기를 전지에 붙인다. ④ 바닷속 전경을 그려 넣어 협동작품을 완성한다. 협동작품을 구성한 느낌에 대해 이야기 나눈다. – 우리들이 만든 물고기들이 사는 곳을 그려 보자. – 우리가 함께 작품을 만든 느낌이 어떠니? ⑤ 벽면에 붙여 일정기간 전시한다.
확장활동 및 유의점	– 완성된 작품에 유아들이 의논하여 정한 제목을 붙여 전시한다.

색모래 그림

목표	• 색 모래의 다양한 느낌과 색을 경험한다. • 다양한 재료로 그림을 그릴 수 있다는 것을 안다.
자료	• 색모래, 물풀, 다양한 크기의 도화지, 다양한 탈것 그림, 여러 가지 탈것 슬라이드
놀이방법	① 색모래의 특징에 대해 나누며 탐색한다. - 이것을 본 적이 있니? - 색모래를 본 적이 있니? - 만져 보니 느낌이 어떠니? ② 교통수단에 대한 경험을 회상하며 이야기 나눈다. - 너희들이 이용해 본 교통수단은 어떤 것이 있니? - 가장 좋아하는 교통수단이 있니? ③ 오늘의 활동과 준비된 재료들을 알아본다. - 우리가 색모래로 교통수단을 그려 보는 것은 어떨까? - 교통수단을 색 모래로 꾸며 보기 위해 무엇이 필요할까? ④ '색모래 그림' 활동을 한다. - 물풀로 원하는 교통수단을 그린 후 색모래를 뿌려 완성한다. ⑤ '색모래 그림' 활동이 끝난 후 평가한다. - 오늘 우리가 무엇을 그려 보았니? - 색모래를 이용해 교통수단을 그려 보니 기분이 어땠니?
확장활동 및 유의점	- 초기에는 교통수단의 밑그림을 제공하여 유아들이 색모래로 꾸며 볼 수 있으나, 점차로 익숙해지면 유아들이 상상하여 그린 교통수단 위에 색모래를 뿌려 그림을 완성할 수 있다.

치자 물들이기

목표	· 색을 낼 수 있는 자연물에 관심을 가진다. · 염색이 되는 과정에서 일어나는 변화에 관심을 갖는다.
자료	· 염색 순서도 그림, 염색 재료(치자, 면수건, 그릇 등)
놀이방법	① 입고 있는 옷의 색깔에 대해 이야기 나누며 활동을 도입할 수 있다. - 무슨 색깔의 옷을 입고 왔니? - 이 색깔은 어떻게 만들었을까? ② 치자를 보며 이야기 나눈다. - 이것은 무엇일까? - 이것으로 무엇을 할 수 있을까? ③ 치자에 뜨거운 물을 부어 색이 나오는 과정을 관찰한다. - 여기에 뜨거운 물을 부으면 어떻게 될까? - 이 물로 무엇을 할 수 있을까? - 흰 천을 여기에 넣으면 어떻게 변할까? ④ 염색 순서도를 보며 이야기 나눈다. ⑤ 염색 순서에 맞게 준비된 천에 염색을 한다. ⑥ 활동을 하고 난 느낌에 대해 이야기 나눈다. - 어떻게 되었니? - 다른 색으로 염색할 수 있을까?
확장활동 및 유의점	- 봉숭아를 이용해서 손톱 물들이기를 해 본다. - 쑥, 꽃잎 등의 다른 자연물을 활용하여 물들이기를 해 본다.

Chapter 10

음악놀이와 영유아 교육

1. 음악능력의 발달과 교육
2. 영유아를 위한 음악놀이 실제

영유아들은 본능적으로 소리를 만들어 내고 소리 환경의 변화에 민감하며 새로운 소리에 관심을 가지고 반응한다. 흥겨운 음악이 나오면 몸을 흔들거나 움직여 표현한다. 음악놀이는 이러한 영유아들의 본능을 발현시킨다. 음악놀이하면 대부분 노래를 부르거나 율동하는 것으로만 생각하기 쉽지만, 영유아기의 음악적 경험은 이후 음악적 성장에 도움이 되므로 노래 부르기와 음악을 듣고 표현하기에서 더 나아가 악기 연주하기 및 음악 감상하기의 영역으로까지 확장될 필요가 있다.

1. 음악능력의 발달과 교육

1) 음악능력의 발달

음악놀이의 발달은 영유아기 음악능력의 발달과 관련이 있다. 음악놀이의 영역인 음악듣기, 노래 부르기, 악기 다루기, 몸으로 표현하기 능력에 따른 발달을 살펴보면 다음과 같다(김보람, 2014; 김혜경, 2002).

(1) 음악 듣기의 발달

태어나서 일정기간 동안 영아는 소리에 수동적인 반응을 보이기도 하지만 일정한 리듬에는 반응하는 양상을 보인다. 부드러운 소리와 사람의 목소리에는 안정적인 반응을 보이지만 갑작스러운 큰 소리나 높은 음정의 소리에는 불안함을 보인다. 4개월에서 6개월이 되면 소리가 나는 곳으로 얼굴을 돌리거나 찾는 등 소리에 관심을 나타내고 의도적으로 주변의 소리를 들으려고 한다. 9개월에서 12개월이 되면 소리를 모방하려고 하고 계속하여 소리와 음악에 관심을 갖는다. 1세에서 1세 6개월 사이에는 새롭고 신기한 소리에 매력을 느끼고 많은 소리를 변별할 수 있게 된다. 2세가 되면서 영아는 음악에 대해 보다 변별력을 갖게 되어 좋아하는 음악에 맞추어 몸을 움직이려고 하는 시도를 자주한다. 5세가 되면 음악을 듣고 감상하며 음악에 대해 자신이 느끼는 것을 몸이나 그림으로 표현할 수 있다.

(2) 노래 부르기의 발달

1세 미만의 영아들은 옹알이를 하면서 소리내기 훈련을 한다. 옹알이는 리듬과 반복을 통해 음악적 감각으로 발전해 나가는 하나의 수단이다. 1세에서 2세가 되면 영아들은 짧은 리듬 유형의 소리내기가 가능하고, 선율을 따라 소리를 낼 수 있는데 이 시기 영아가 소리를 내기에 가능한 음역대는 '레~솔' 정도이다. 3~4세 시기가 되면 자기 목소리를 어느 정도 원하는 대로 낼 수 있는 시기이다. 간단한 노래를 부를 수 있으며 짧은 노래를 만들어 부르기도 한다. 4~5세 시기가 되면 자신이 원하는 노래를 흥얼거릴 수 있고 음역대도 넓어진다. 또래들과 함께 노래 부르기를 즐기고 자신이 좋아하는 노래도 갖게 된다.

(3) 악기 다루기의 발달

영아들이 1~2세 시기가 되면 물체를 두드려서 소리를 내는 것을 즐기게 된다. 3세에는 악기나 소리 나는 물체에 대한 흥미가 증가하여 악기로 음악을 표현하려고 한다. 4세가 되면 다양한 리듬악기들로 자신만의 감정을 표현하기도 하고 노래에 맞추어 리듬악기를 연주할 수도 있다. 또래 아이들과 함께 연주하기가 가능해지며 악기의 소리 구분도 가능해진다.

(4) 몸으로 표현하기의 발달

1세 미만의 영아는 대략 6개월부터 소리에 신체적인 반응을 보인다. 1~2세에는 박자를 정확하게 표현할 수는 없지만 음악의 박자에 따라 손뼉치기, 몸 흔들기 등이 가능하여 음악이 나오면 몸으로 표현하려고 한다. 3세부터는 음악에 맞추어 본인만의 창의적인 표현을 하기 시작하며 규칙적인 리듬에 맞추어 몸을 움직인다. 4, 5세경이 되면 노래를 부르면서 박자에 따라 춤을 추기도 하는 등 신체적 움직임이 더욱 활발해진다.

2) 음악놀이의 교육적 가치

음악놀이는 영유아들의 정서적인 발달뿐만 아니라 신체, 인지, 사회성, 언어 발달에도 기여한다. 음악놀이가 발달에 미치는 효과를 발달의 제반 영역에 따라 정리해 보면 다음과 같다.

(1) 음악놀이와 신체발달

영유아들은 음악놀이를 통해 악기를 다루고 음악에 따라 몸을 움직이게 된다. 건반악기의 사용과 리듬악기의 사용은 영유아들의 소근육 발달을 돕고 음악을 들으며 율동을 하거나 감상한 음악을 몸으로 표현하는 과정은 영유아들의 대근육 발달을 돕는다.

(2) 음악놀이와 인지발달

여러 가지 소리를 듣고 변별하는 경험은 유아들의 세상에 대한 이해를 확장시킨다. '유치원에 갑니다.' '다섯 작은 꾀꼬리' 같은 노래는 유아들이 노래를 부르면서 날씨에 관심을 갖고 수에 관심을 갖도록 함으로써 과학적, 수학적 개념 형성에 도움이 된다. 악기를 연주할 때 리듬에 따라 빠르고 느리게 연주하는 경험은 유아들의 물리적 지식 형성에 도움이 되며 음악을 듣고 몸으로 표현하는 과정에서 몸으로 공간을 인식하는 경험을 하게 된다.

(3) 음악놀이와 사회 및 정서발달

영유아들은 음악을 즐기며 정서적 감정이 풍부해지고 행복함을 느낀다. 영아들은 자장가를 들으며 정서적인 안정감을 느끼고 유아들은 흥겨운 음악을 들으며 자신의 감정을 자유롭게 표현한다. 악기를 세게 치며 화난 감정을 표현하기도

하고 음악에 따라 악기를 연주하며 자기를 조절할 수 있다.

유아 자신의 감정을 음악을 통해 표현하고 타인의 노래와 연주 및 표현에 관심을 가지며 감정의 표현 및 통제 능력을 발달시킨다. 친구들과 함께 악기를 연주하거나 노래를 함께 부르는 것은 협력을 경험하게 하여 유아들의 사회성 발달에 도움이 된다.

(4) 음악놀이와 언어발달

'통통통통'과 같이 노랫말이 반복되거나 '동물흉내' 같이 다양한 의성어와 의태어가 나오는 노랫말은 유아들이 쉽게 따라하게 되어 어휘력이 풍부해지는데 기여한다. 영아들에게 간단한 노랫말로 구성된 음익 CD 등을 들려주면 멜로디와 함께 노랫말을 익히게 되어 언어적 감각을 향상시키는데 도움이 된다. 음악놀이를 하면서 유아들은 교사의 지시에 따라 움직이기도 하는데 이는 수용언어의 발달에 도움이 되며 또래들과 함께 연주하거나 율동하는 과정에서 의사소통의 발달이 일어난다.

3) 음악놀이와 놀잇감

유아교육기관에서 음악놀이를 위한 놀잇감을 구비할 때에는 다음을 참고할 수 있다(신혜은, 고태순, 장세희, 2011).

표 17 영유아를 위한 음악놀이 자료

세부 관련 영역	자료
악기놀이	트라이앵글, 탬버린, 캐스터네츠, 방울, 리듬막대, 멜로디언, 실로폰, 우드블록, 핸드벨, 마라카스 등의 리듬악기 소고, 장구, 북, 꽹과리, 징 등의 전통악기
음악감상	녹음기와 녹음테이프, 다양한 음악과 소리가 녹음된 테이프와 그림카드, 헤드폰
기타	색깔로 표시된 악보, 노랫말 모음, 융판자료, 색연필, 종이, 리듬패턴 카드, 연필

2. 영유아를 위한 음악놀이 실제

1) 영아를 위한 음악놀이 실제

두드리기

목표	· 다양한 악기 소리에 관심을 갖는다. · 두드리기를 통해 정서를 분출한다.
자료	· 북, 북채
놀이방법	① 영아와 함께 북을 탐색한다. – 이것은 무엇일까? – 손으로 북을 두드려 소리를 내 보자. ② 준비된 북채를 이용하여 두드리기를 한다. 익숙한 노래를 불러 주어 영아들이 노래의 리듬에 맞추어 두드려 볼 수 있도록 돕는다. – 북을 두드려 보자. 둥둥둥. – 세게 두드려 보자. 살살 두드려 보자. – ♪통통통통 털보 영감님. 통통통통 혹부리 영감님~ ③ 영아의 활동을 격려한다. 다른 재료로 두드려 보도록 돕는다. – ○○이가 북을 잘 치는구나. – 다른 것으로도 소리를 내 볼까? 어떤 것으로 두드려서 소리를 내 볼까?
확장활동 및 유의점	– 쌀이나 곡식알맹이를 올려놓고 살살, 세게 치며 소리의 진동에 따른 물체의 움직임을 관찰한다

피아니스트

목표	· 악기에 관심을 갖는다. · 악기의 다양한 소리에 관심을 갖고 소리를 만들어 본다.
자료	· 건반 악기, 실로폰 등
놀이방법	① 영아와 함께 건반 악기를 두드려 소리를 내 본다. ② 영아가 자유롭게 건반 악기를 두드려 보도록 돕는다. ③ 익숙한 노래를 불러 주어 영아가 리듬을 느끼며 두드려 보도록 돕는다. ④ 영아의 활동을 격려한다.
확장활동 및 유의점	– 건반 악기와 실로폰 뿐만 아니라 냄비 등 생활용품을 두드려서 내는 소리에 관심을 갖도록 돕는다.

얼음과자

목표	· 친숙한 노래를 따라 부르며 즐거움을 느낀다. · 신체표현을 즐긴다.
자료	· 동요 음원, 방울 팔찌, CD플레이어
놀이방법	① 음률 영역에 방울 팔찌를 제공한다. ② 음악을 들으며 자유롭게 방울 팔찌를 탐색해 볼 수 있도록 한다. – 팔찌를 끼고 흔들어 볼 거예요? – 흔들흔들~ 위로~ 아래로~ – 팔찌에서 딸랑딸랑 소리가 나네. ③ '얼음과자' 노래를 부르며 다양한 방법으로 팔찌를 흔들어 본다. – ○○가 '어~어~' 소리에 맞추어 팔찌 흔들기를 하네. ④ 팔찌를 흔들며 자유롭게 신체표현할 수 있도록 격려한다. – ○○는 팔찌를 발목에 해 볼 거예요? ⑤ 영아의 활동을 격려한다. – 팔찌를 흔들며 노래를 불러 보니 기분이 어떠니? – ○○이는 팔을 힘차게 흔들며 노래를 부르는구나.
확장활동 및 유의점	– 방울의 크기는 3.5cm 이상이 적절하며, 영아의 안전을 위해서 방울은 팔찌 속에 넣어 제작한다.

리본막대로 표현하기

목표	· 리본막대로 여러 가지 모양을 표현할 수 있다. · 움직임에 따른 리본의 형태를 관찰한다.
자료	· 리본막대, 음원
놀이방법	① 음률영역에서 영아들이 리본막대를 가지고 자유롭게 놀이하도록 한다. ② 리본막대를 탐색하는 모습을 보며 이야기 나눈다. – 리본막대를 흔들흔들. – ○○는 파란색 리본막대를 흔들고 있네. ③ 리본막대를 흔들며 여러 가지 모양을 표현해 볼 수 있도록 돕는다. – 둥글게 둥글게~♪ 리본막대를 빙글빙글 돌리니 동그라미 모양이 되었네. – ○○는 리본막대를 크게 돌려서 커다란 동그라미가 되었어. ④ 익숙한 노래를 부르며 리본막대를 흔들어 볼 수 있도록 격려한다. ⑤ 영아의 활동을 격려한다. – ○○이는 엉덩이를 씰룩거리며 리본을 흔드는구나.
확장활동 및 유의점	– 리본막대를 흔들 때 주변의 영아와 부딪히지 않도록 넓은 공간에서 놀이한다.

음악을 들으며 표현하기

목표	· 음악을 듣고 다양한 방법으로 느낌을 표현한다. · 친구와 함께하는 신체표현에 즐거움을 느낀다.
자료	· 비제의 카르멘 음원, CD플레이어, 스페인 전통 의상, 여러 가지 악기
놀이방법	① 놀이 중에 자유롭게 '비제의 카르멘'을 들으며 놀이한다. ② '비제의 카르멘'에 대한 영아의 반응을 살펴보며 언어로 표현해 준다. - △△이가 음악에 맞추어 마라카스를 흔들고 있네? - 빠르게 빠르게 들리는 소리가 정말 신이 나는구나. ③ '비제의 카르멘'을 들으며 친구와 함께 신체로 표현한다. - 음악에 따라 몸을 움직여 보자. - ○○이를 따라서 몸을 움직여 보자. ④ 영아의 활동을 격려한다. - 넓은 치마를 입고 춤을 추어 본 느낌이 어떠니? - ○○이와 △△이는 서로 손을 잡고 춤을 추는구나.
확장활동 및 유의점	- 다른 사람의 표현에 관심을 가질 수 있도록 돕는다.

2) 유아를 위한 음악놀이 실제

리듬합주

목표	· 악기에 관심을 갖는다. · 친구들과 함께 연주하기를 즐긴다.
자료	· 탬버린, 캐스터네츠(짝짝이), 마라카스, 심벌즈 등, 노랫말 판
놀이방법	① 노랫말판을 소개한다. ② 유아들이 원하는 리듬 악기를 하나씩 선택하도록 돕는다. ③ 노랫말 판을 보면서 자신의 악기가 그려진 곳에서 소리를 내도록 한다. ④ 익숙해지면 노래를 부르면서 악기 연주를 한다. ⑤ 합주를 한 느낌을 이야기 나눈다. – 혼자서 연주를 했을 때와 함께 했을 때의 느낌이 어떠니? – 다음에는 어떤 악기를 가지고 연주하고 싶니?
확장활동 및 유의점	– 노랫말 판의 기호에 따라 정확하게 연주하기보다는 악기 자체를 연주하는 것에 즐거움을 갖도록 돕는다.

나도 가수

목표	· 자신이 좋아하는 노래를 부를 수 있다. · 노래 부르기를 즐긴다.
자료	· 마이크
놀이방법	① 무대를 조성한다. ② 친구들에게 들려주고 싶은 노래를 불러 보도록 돕는다. - 친구들 앞에서 노래를 불러 볼까? - 어떤 노래를 불러 볼까? ③ 유아의 활동을 격려한다. 다른 사람들 앞에서 노래를 불러 본 느낌을 이야기 나눈다. - 친구들 앞에서 노래를 불러 보니 느낌이 어떠니? - 다음에는 어떤 노래를 불러 보고 싶니?
확장활동 및 유의점	- 다른 사람의 노래를 관심을 두고 들어보도록 돕는다.

난 타

목표	· 마음껏 두드리기를 통해 정서를 분출한다. · 연주하기를 즐긴다.
자료	· 드럼통으로 만든 악기, 리듬막대
놀이방법	① 준비된 자료를 탐색한다. – 아주 큰 통이로구나. – 이 통을 악기로 쓸 수도 있을까? ② 유아들에게 리듬막대를 나누어 주고 자유롭게 두드려 보도록 돕는다. ③ 익숙한 음악을 틀어 주어 유아들이 음악에 따라 두드려 보도록 돕는다. ④ 놀이를 한 느낌에 대해 이야기 나눈다. – 놀이를 해 본 느낌이 어떠니? – 악기로 쓸 수 있는 자료에는 여러 가지가 있구나. – 악기로 쓸 수 있는 것에는 또 어떤 것이 있을까?
확장활동 및 유의점	– 빠르게/느리게 속도를 조절하며 두드려 보도록 돕는다.

높은 소리, 낮은 소리

목표	• 소리의 높낮이를 몸으로 표현한다. • 친구와 함께 도구를 활용하여 음의 높낮이를 표현해 본다.
자료	• 모차르트 오페라 마술피리 중 '밤의 여왕 아리아' 큰 천 또는 보자기
놀이방법	① 모차르트의 '밤의 여왕 아리아'음악을 감상한다. – 음악을 들으니 어떤 느낌이 들었니? – 음악을 들으면서 높은 음이 나오면 손을 올려 보고 음이 낮아지면 손을 내려 보자. ② 친구들과 큰 천을 가지고 음악을 들으며 음의 높낮이를 표현하여 본다. – 친구들과 보자기의 끝을 잡아 보자. – 높은 음에서는 이 보자기를 어떻게 할까? – 낮은 음은 어떻게 표현하면 좋을까? ③ 다른 방법으로 음을 표현하여 본다. – 보자기 말고 또 함께 음을 표현할 수 있는 방법은 어떤 것이 있을까? – 박수소리로 표현해 볼까? ④ 활동을 마무리하고 느낀점을 이야기 나눈다. – 음의 높낮이를 표현하니 어떤 느낌이 들었니? – 어떤 점이 재미있었니?
확장활동 및 유의점	– 천을 사용할 때는 보자기 아래 1~3명 정도 들어가 활동 후 느낌을 이야기할 수 있다. – 음악을 감상하면서 그림 그리기로 표현할 수 있다.

조리도구 악기연주

목표	· 다양한 자료를 활용하여 소리를 만들어 낼 수 있음을 안다. · 소리 만들기를 즐긴다.
자료	· 여러 가지 부엌용품(냄비, 국자, 거품기, 바가지 등), 시루떡 음원, 가사판
놀이방법	① 여러 가지 조리도구에 대해 이야기 나눈다. – 맛있는 국을 끓일 땐 어디다 끓여야 할까? ② 조리도구를 활용하여 다양한 소리를 탐색해 본다. – 냄비를 거품기로 치면 어떤 소리가 날까? – 바가지는 무엇으로 쳐볼까? – 비슷한 소리를 내는 도구끼리 나누어 볼까? ③ 부엌에서 쓸 수 있는 조리도구들을 이용하여 악기연주를 한다. – 노래에 맞춰 악기를 연주를 해 볼 수 있니? – 연주하고 싶은 조리도구로 연주해 볼까? ④ 다 함께 악기를 연주하기 위해서 지켜야 할 약속에 대하여 이야기 나눈다. – 여럿이 한 번에 소리를 내면 어떻게 될까? – 어떻게 하면 다 함께 멋진 소리를 낼 수 있을까? ⑤ 조리도구 악기 연주를 진행한 느낌을 이야기 나눈다. – 어떤 점이 가장 재미있었니? – 또 어떤 주방용품으로 소리를 내어 볼 수 있을까?
확장활동 및 유의점	– 생활 속의 다양한 소리를 창의적으로 표현할 수 있도록 돕는다.

Chapter 11

운동놀이와 영유아 교육

신체의 여러 부분을 다양한 방법으로 움직여 보는 경험을 통해 몸의 근력, 민첩성, 유연성 등과 같은 일반 운동능력 및 걷기, 뛰기, 점프하기, 구부리기, 밀고 당기기, 비틀기 등의 특수 운동능력의 향상을 돕는 운동놀이는 영유아의 운동능력 뿐만 아니라 안전능력과 사회성 발달을 촉진하는 효과가 있다.

1. 운동능력의 발달과 교육

1) 운동능력의 발달

영유아기의 운동능력은 일반적으로 머리에서 다리 방향으로, 신체의 중심부분에서 말초로, 전체적인 운동에서 세부적인 운동으로 발달한다. 겔러휴(Gallahue, 1982)는 영유아의 연령에 따라 운동능력은 반사적 동작(reflexive movement), 초보적 동작(rudimentary movement) 발달기, 기본적 동작(fundamental movement) 발달기, 스포츠와 관련된 동작(sports-related movement) 발달기를 거친다고 하였는데 이를 살펴보면 다음과 같다(이영, 1993).

(1) 반사적 동작(reflexive movement)

태아기와 신생아기에 나타나는 운동능력이다. 반사적 동작이란 외부 자극에 따라 신체를 즉각적으로 움직이는 것을 말하며, 주로 자세에 관한 움직임과 자신의 신변보호 및 음식물 획득을 위한 움직임이 포함된다. 이러한 움직임은 영아의 자발적 의도 없이 자극에 따라 무의식적으로 일어난다.

(2) 초보적 동작(rudimentary movement) 발달기

출생에서 2세까지의 시기이다. 이 시기는 신체발달에 커다란 전환점이 되는 시기로 자발적이며 의도적인 신체 운동이 이루어진다. 직립 운동이 이루어지며 한 장소에서 다른 장소로 이동하는 이동적 활동이 나타난다. 밀면서 기기(creeping), 기기(crawling), 걷기와 같은 동작이 나타난다.

(3) 기본적 동작(fundamental movement) 발달기

2세에서 7세까지의 시기로 이전 단계에서 획득된 안정된 직립의 자세로 원하는 장소로 이동할 수 있고 조작능력이 발달하여 많은 사물을 탐색하고 실험해 볼 수 있다. 안정감 있게 뛰고, 올라가고, 달릴 수 있으며, 공을 던지고 잡을 수 있다. 그러나 이 단계에서 세분화되고 정확한 기술적인 움직임은 발달되지 않는다.

(4) 스포츠와 관련된 동작(sports-related movement) 발달기

7세 이후에 나타난다. 초등학교 저학년 시기에는 일반적 운동(general movement) 능력이 발달하게 되며 기본적 동작 발달기 때보다 각종 동작을 정확하게 구사할 수 있게 된다. 초등학교 고학년에 이르면 보다 특수하고 세분화된 운동(specific movement) 능력이 발달하여 복합된 동작 기술이 나타난다.

박찬옥, 정남미, 임경애(2006)는 영유아기 이동 동작능력의 발달을 정리하였는데 이를 동작 형태에 따라 정리해 보면 다음의 〈표 18〉과 같다.

표 18 이동 동작능력의 발달

동작 형태	능력
걷기 (walking)	대부분 2세 정도가 되면 안정된 걷기 자세를 습득하며, 걷기동작이 발달하면서 한 발씩 계단을 오르내릴 수 있게 되고 3세가 되면 양 발로 번갈아 계단을 오르내린다.

달리기 (running)	18개월 된 유아는 빠르게 걸을 수 있고 2세가 지나면 달리기를 할 수 있다. 5세가 되면 성인과 비슷하게 무릎을 적절히 들어올리며 팔을 앞뒤로 흔들며 효율적으로 달릴 수 있게 된다.
뛰기 (jumping)	멀리뛰기, 높이뛰기, 뛰어내리기 등이 포함되며 3세가 되면 한 발 들어 뛰는 동작부터 시작하여 두 발 뛰기가 가능해진다. 뛰어내리기 시도는 2세경에 나타나지만 3세가 될 때까지 불안정한 모습을 보이다가 5세가 되면 약 9cm 정도의 멀리뛰기와 30cm 정도의 높이뛰기를 할 수 있게 된다.
한 발 뛰기 (hopping)	3세가 지나야 3회 연속적으로 할 수 있으며, 5세 정도가 되면 발을 바꾸어 가며 리듬있는 성숙한 동작으로 지속적으로 뛸 수 있다.
말 뛰기 (galloping)	한쪽 다리를 내밀고 다른 쪽 다리를 내민 다리에 끌어다 붙이는 동작의 연속으로 3세가 되면 모양을 따라 할 수 있으며, 5세에 능숙하게 할 수 있다. 일정한 리듬이 있고 쉬운 동작으로 유아기 신체활동에 적용할 수 있다.
무릎 들며 뛰기 (skipping)	한 발 걷기 스텝과 한 발 뛰기가 조합된 동작으로 4세부터 미약하지만 흉내내기를 시작할 수 있으며, 5세가 지나면 비교적 능숙하게 할 수 있다.
던지기 (throwing)	약 2세가 되면 던지기 동작을 보인다. 2~3세 때는 목표방향으로 서서 두 발을 그대로 두고 팔을 움직여 던진다. 4~5세에 몸통을 돌리며 한 발을 앞으로 내딛으며 던질 수 있고 6세가 되면 팔과 반대쪽 다리를 앞으로 내밀고 허리와 어깨까지 사용하여 던질 수 있다.
받기 (catching)	약 3세까지 받기동작은 팔을 벌려 고정된 자세로 공을 받으며 4~5세부터 공의 위치에 따라 몸과 팔을 움직여 받는 능력을 보인다. 손바닥으로 공을 잡는 행동은 5~6세부터 가능해진다.

2) 운동놀이의 교육적 가치

운동놀이는 신체의 여러 부분을 다양한 방법으로 움직여 봄으로써 몸의 근력, 민첩성, 유연성과 같은 운동 기능의 발달을 돕는 동시에 발달의 제반 영역에도 긍정적인 영향을 미쳐 전인적 발달에 기여한다. 이를 정리해 보면 다음과 같다.

(1) 운동놀이와 신체발달

영유아들은 터널을 통과하며 신체 각 기관들의 협응력을 기르고 선 따라 걷기, 징검다리 건너기, 평균대 건너기, 시소 타기 등을 통해 몸의 균형감각을 기른다. 걷기, 달리기, 오르기, 점프하기 등의 이동 동작능력이 발달하고 몸을 움직이는 가운데 호흡, 배설, 순환기관이 잘 작동하도록 하여 신체 장기의 건강함 유지에도 도움이 된다. 운동놀이는 영유아의 신체발달을 돕는 대표적인 놀이 유형이다.

(2) 운동놀이와 인지발달

영유아들은 시소를 타면서 무게와 균형에 대해 인식하게 된다. 정글짐을 오르면서 높낮이에 대해 인식하게 되고 달리기를 하면서 속도를 인식하게 된다. 볼링놀이를 하면서 넘어뜨린 볼링공의 수를 세어 보기도 하고 누가 더 많이 쓰러뜨렸는가를 비교하기도 한다. 훌라후프의 안과 밖으로 뛰어 보며 공간개념을 인식하고 몸을 빠르고 느리게 움직이면서 속도와 힘의 방향에 대해 인식하게 된다. 이처럼 운동놀이는 물리적 개념과 수학적 개념 형성을 돕는 놀이가 될 수 있다.

(3) 운동놀이와 사회 및 정서발달

물 풍선 전달하기, 과자 따기, 기차놀이, 낙하산놀이 등은 놀이규칙을 따를 때 더욱 즐거운 놀이가 된다. 운동놀이를 통해 규칙을 지키고 다른 유아와 협력하거나 양보하면서 사회적 기술을 습득하게 된다. 고리 던지기와 같은 놀이는 영유아들에게 성취감을 맛보게 하며 운동놀이를 통하여 자신의 에너지를 마음껏 발산하는 경험은 즐거움과 기쁨, 자신감과 같은 긍정적 정서발달에 기여한다.

3) 운동놀이와 놀잇감

유아교육기관에서 운동놀이를 위한 놀잇감을 구비할 때에는 기구 형태의 놀잇감과 소품으로 나누어 볼 수 있다.

- **기구형태의 놀잇감** - 미끄럼틀, 그네, 시소, 정글짐, 평균대, 구름다리 등
- **운동놀이를 위한 소품** - 공, 그물, 터널, 낙하산, 훌라후프, 리본, 막대기, 풍선, 신문지, 낙하산 등

2. 영유아를 위한 운동놀이 실제

1) 영아를 위한 운동놀이 실제

공놀이	
목표	· 눈과 손의 협응력을 기른다. · 운동놀이를 즐긴다.
자료	· 공
놀이방법	① 영아가 공을 자유롭게 가지고 놀도록 돕는다. ② 장애물이 있는 곳으로 공을 굴려 영아가 공을 따라가 찾아오도록 돕는다. – 공이 미끄럼틀 사이로 지나가네. – ○○이가 공을 찾아올까? ③ 영아의 활동을 격려한다. 역할을 바꾸어 반복하여 놀이할 수 있다. – ○○이가 공을 잘 찾아오네. – ○○이가 공을 굴려 보자. 이번에는 선생님이 찾아올게.
확장활동 및 유의점	– 서로 부딪히지 않도록 안전에 주의한다. – 여러 크기와 형태, 감촉이 있는 공을 탐색할 기회를 제공한다.

터널 통과하기

목표	· 신체의 협응력을 기른다. · 운동놀이를 즐긴다.
자료	· 터널
놀이방법	① 영아들이 터널을 탐색하도록 돕는다. - 이것은 무엇일까? - 터널 안으로 손을 넣어 보니 속이 보이네. ② 영아가 터널을 통과하도록 돕는다. 이 때 교사는 터널의 반대편으로 가서 영아가 두려움 없이 터널을 통과하도록 돕는다. - 선생님이 있는 곳까지 오세요. - ○○이가 터널 안으로 엉금엉금 기어와요. ③ 영아의 활동을 격려한다. - 우리 ○○이가 용감하게 터널 속을 통과했구나. - 더 해 볼까? 이번에는 친구들과 차례로 터널을 통과해 볼까?
확장활동 및 유의점	- 영아들이 무서워하지 않도록 투명하거나 반투명한 터널을 활용할 수 있다.

색 풍선 잡기

목표	· 근력을 기른다. · 민첩성을 기른다. · 풍선을 잡으며 다양한 신체 움직임을 경험한다.
자료	· 다양한 색깔의 풍선
놀이방법	① 다양한 색깔의 풍선을 불어 바구니에 담아 제공하여 영아가 관심을 보이는지 관찰한다. ② 풍선을 탐색하는 영아의 모습을 관찰하며 이야기 나눈다. – 바구니에 알록 달록 풍선이 들어 있구나. – 빨간 풍선, 노란 풍선, 파란 풍선도 있구나. – ○○는 초록 풍선을 들고 있네. 풍선을 만졌더니 어떤 느낌이야? ③ 교사가 풍선을 띄워 보고 잡는 모습을 보여주고 영아가 풍선을 잡아 볼 수 있도록 격려한다. – 어~ 풍선이 바닥에 떨어지지 않게 누가 잡아 줄래? – ○○이가 풍선을 잡아 줄 수 있을까? ④ 여러 색의 풍선을 바닥에 놓아 주고 영아 스스로 풍선을 날리고 잡아 보며 다양하게 신체를 움직일 수 있도록 돕는다.
확장활동 및 유의점	– 영아가 풍선을 입에 물지 않도록 주의한다.

미끄럼틀을 타요

목표	• 안전한 놀잇감 사용에 대해 안다.
자료	• 미끄럼틀
놀이방법	① 실외활동을 나가기 전 미끄럼틀을 타기 전에 지켜야 할 약속에 대해 이야기 나눈다. – 우리 모두 사이좋게 미끄럼틀을 타기 위해서는 어떻게 해야 할까요? – 다치지 않고 바르게 미끄럼틀을 타려면 어떤 약속을 지켜야 할까요? ② 차례를 지키며 미끄럼틀을 탄다. – 친구와 사이좋게 타야 해요. – 미끄럼틀을 거꾸로 올라가면 안 되요. ③ 미끄럼틀을 타고 난 후 느낌을 이야기해 본다. – 친구들과 함께 미끄럼틀을 타보니 기분이 어땠어요? – 안전하게 놀이를 하는 방법에는 어떤 것이 있었지요?
확장활동 및 유의점	– 미끄럼틀을 직접 타기 너무 어리거나 미끄럼틀을 타기 무서워하는 영아를 위해 인형을 가져와서 미끄럼틀을 태워 볼 수 있다.

개구리처럼 폴짝폴짝

목표	· 개구리가 뛰는 모습에 관심을 갖는다. · 뛰어 보기를 통해 근력을 기른다.
자료	· 개구리 그림카드, 개구리 머리띠, 개구리 관련 동요 음원
놀이방법	① 개구리 그림카드(사진)를 제공하고 영아가 관심을 갖는지 관찰한다. ② 영아가 그림카드(사진)에 관심을 갖고 관찰하는 모습을 보며 이야기 나눈다. – ○○이가 개구리 사진을 보고 있구나. – 개구리가 어떤 소리를 낼까? – 개구리는 어떻게 뛸까? – 폴짝폴짝 높이높이 뛰지. ③ 교사가 개구리처럼 두 발을 모으고 폴짝 뛰는 모습을 보여주며 영아가 해 볼 수 있도록 격려한다. – 선생님도 개구리처럼 폴짝 뛰어 볼래. – 두 발을 모으고 다리를 굽혔다가 폴짝! ④ 음악에 맞춰 자유롭게 개구리 흉내를 내며 폴짝 뛰어 볼 수 있도록 한다. – 개구리 노래가 나온다. – 어? 개굴개굴 소리가 나네? – 우리도 개구리 소리를 내면서 폴짝폴짝 뛰어 볼까?
확장활동 및 유의점	– 영아가 뛰면서 다른 영아에게 부딪치지 않도록 충분한 놀이 공간을 확보한다. – 개구리의 모습을 의성어/의태어로 표현하며 활동하도록 돕는다.

2) 유아를 위한 운동놀이 실제

낙하산놀이

목표	· 신체의 조절력을 기른다. · 협동놀이를 즐긴다.
자료	· 낙하산
놀이방법	① 유아들과 함께 낙하산을 탐색한다. - 펄럭펄럭, 이것은 무엇일까? - 낙하산으로 어떤 놀이를 할 수 있을까? ② 유아들이 전신을 이용하여 낙하산을 움직여 보도록 돕는다. 유아들이 익숙한 노래를 함께 부르며 활동할 수 있다. - 낙하산을 위 아래로 펄럭여 보자. - 낙하산을 잡고 오른쪽으로 돌아 보자. - ♪떴다 떴다 낙하산. 날아라~날아라~ - 선생님이 하나 둘 셋! 하면 낙하산 안으로 들어가세요. ③ 흥겨운 음악을 들려주어 유아들이 낙하산 위를 뛰어다니며 놀이할 수 있도록 돕는다.
확장활동 및 유의점	- 유아들의 운동능력을 고려하여 활동을 확장한다. - 풍선을 낙하산 위에 올려서 함께 띄우는 활동을 해 본다.

과자 따기

목표	· 민첩성을 기른다. · 규칙을 지켜 놀이한다. · 성취감을 느낀다.
자료	· 과자 따기 도구(줄, 리본테이프, 집게, 과자)
놀이방법	① 과자 따기를 할 것을 제안한다. ② 유아들과 규칙을 정한다. ③ 유아들의 활동을 격려한다. 놀이한 느낌을 이야기 나누며 다양한 놀이방법에 대해 고안해 보도록 돕는다. – 과자 따기 놀이를 해 보니 기분이 어떠니? – 다른 방법으로 놀이를 할 수 있을까? – ○○이는 출발선에서 코끼리 코를 하고 세 바퀴 돈 다음 과자를 따러 가지고 하는구나. 다른 친구들의 의견은 어떠니? ④ 유아들이 정한 규칙에 따라 반복하여 놀이할 수 있다.
확장활동 및 유의점	– 유아들의 키에 맞추어서 적당한 높이로 줄을 매달아 준다. – 팀을 나눠서 게임을 진행해 본다.

배드민턴

목표	• 눈과 손의 협응력을 기른다. • 신체의 움직임을 조절한다.
자료	• 배드민턴 채, 배드민턴 공
놀이방법	① 유아들과 놀이자료를 탐색한다. - 배드민턴 채와 공을 본 적이 있니? ② 자료를 가지고 할 수 있는 놀이방법을 고안해 보도록 돕는다. - 이 채와 공을 가지고 어떻게 놀이할 수 있을까? - ○○이는 공을 채 위에 놓고 떨어지지 않도록 튕겨 보자고 하는구나. ③ 유아들이 제안한 방법에 따라 놀이해 본다. ④ 유아들끼리 배드민턴을 쳐 보도록 돕는다. - 공을 던지면 ○○이가 채로 받아 보자. - 이번에는 △△이가 공을 던져 볼까?
확장활동 및 유의점	- 배드민턴 채를 들고 친구와 장난치지 않도록 주의한다. - 배드민턴 공부터 시작하지 않고 풍선으로 워밍업해 본다.

재미있는 훌라후프

목표	· 신체의 조절능력을 기른다. · 여러 가지 방법으로 훌라후프 놀이를 할 수 있다.
자료	· 훌라후프
놀이방법	① 유아들과 함께 훌라후프를 사용하여 놀이해 볼 것을 이야기한다. ② 다양한 방법으로 훌라후프를 탐색한다. (훌라후프 굴리기, 훌라후프로 키 재보기, 모양 만들기 등) ③ 훌라후프 놀이를 할 때 지켜야 하는 안전약속에 대해 이야기 나눈다. - 훌라후프 놀이를 할 때 지켜야 할 약속에는 무엇이 있을까? ④ 훌라후프를 가지고 자유롭게 놀이한다. ⑤ 유아들이 발견한 훌라후프 놀이방법을 소개해 보도록 한다. - OO는 훌라후프를 사용해서 어떤 놀이를 해 보았니? - 어떻게 하는지 방법을 소개해 줄 수 있겠니? ⑥ 유아들과 2명이 한 조가 되어 훌라후프 달리기를 해 본다. 유아들이 소개한 여러 가지 훌라후프 활동들을 하나씩 함께 해 볼 수 있다. ⑦ 가장 재미있었던 훌라후프 활동을 뽑아 본다.
확장활동 및 유의점	- 유아들과 2명이 한 조가 되어 훌라후프 달리기를 해 본다.

줄넘기 놀이

목표	・ 줄넘기 줄을 활용한 다양한 신체 활동을 즐긴다. ・ 다리의 근력을 기른다.
자료	・ 줄넘기 줄, 신나는 음악 CD
놀이방법	① 줄넘기를 하는 친구의 그림자료를 보여 준다. – 이 친구가 무엇을 하고 있니? – 우리 친구들도 줄넘기를 해 본 적이 있니? ② 줄넘기에 대해 이야기를 나눈다. – 줄넘기는 어떻게 하는 운동인지 알고 있니? ③ 줄넘기하는 방법에 대해 이야기를 해 준다. – 양손에 각각 줄넘기의 끝부분을 잡고 줄을 앞으로 돌린 다음 줄이 내 발앞에 오면 두 발을 모아서 줄을 넘어 주면 된단다. ④ 교사가 먼저 시범을 보인다. ⑤ 혼자 줄넘기하는 것을 어려워하면 줄에 친숙해지도록 놀이를 먼저한다. – 두 친구가 줄을 각각 서로 잡고 일렬로 선 다음 줄을 발목에 댄다. – 아이들이 차례로 줄을 넘어간다. ⑥ 신나는 음악을 틀어 주고 자유자재로 줄넘기를 가지고 활동하는 시간을 가진다. ⑦ 줄넘기를 실외영역에 두고 유아들이 자유롭게 활동하도록 한다.
확장활동 및 유의점	– 줄을 맞아 다치는 유아가 생기지 않도록 공간을 충분하게 확보한다.

Chapter 12

전통놀이와 영유아 교육

1. 전통놀이의 특징과 교육
2. 영유아를 위한 전통놀이 실제

전통놀이란 옛날부터 일반적으로 행해지면서 민간에 의해 전승되어 오는 여러 가지 놀이로서 전통놀이를 보존하고 이어가는 것은 조상의 얼과 지혜를 배우고 그 사회집단의 독특한 문화를 계승, 발전시키는데 중요하다. 전통놀이는 오락성을 띤 놀이의 형태를 빌어 전통사회가 기르고자 했던 신념과 가치를 담고 있는 하나의 문화 프로그램으로, 삶에 대한 한겨레의 전통적인 가치를 공유할 수 있다는 점에서 문화적으로나 교육적으로 의미를 지닌다(김영미, 2007). 전통놀이는 대부분 아이들 사이에서 형성된 놀이이기 때문에 아이들에게 친근하며 흥미를 일으키기에 쉽다. 또한 대부분의 전통놀이가 혼자 하기보다는 인원이 많을수록 재미를 더한다는 점에서 협동심과 사회성 등을 기를 수 있다.

1. 전통놀이의 특징과 교육

1) 전통놀이의 특징

전통놀이는 실외에서 하는 놀이와 실내에서 하는 놀이로 분류해 볼 수 있다. 전통놀이는 실외에서 하는 놀이가 많다. 전통놀이가 행해지는 장소에 따라 전통놀이를 분류해 보면 다음의 〈표 19〉와 같다(이현정, 2013).

표 19 놀이장소에 따른 전통놀이 분류

구분		놀이명
실외놀이	자연놀이	피리 만들기, 봉숭아 물들이기, 호드기 불기, 두꺼비 집짓기, 풀놀이, 풀각시놀이, 반지놀이, 풀싸움, 눈싸움
	개방놀이	연날리기, 바람개비, 썰매타기, 돌차기, 땅따먹기, 제기차기
	길놀이	술래잡기놀이, 풍물놀이, 지신밟기
	모험놀이	탐험놀이, 천렵, 수박 따기, 과녁 맞추기
실내놀이		고누, 실뜨기, 쌀보리, 묵찌빠, 바둑, 장기, 칠교놀이

영아기에는 어른들과 함께 도리도리, 짝짜꿍, 곤지곤지, 잼잼과 같은 소근육

발달에 도움이 되는 놀이를 많이 하고 아동기에는 경쟁의 요소가 있는 놀이를 많이 한다. 투호놀이, 팔씨름, 그네뛰기, 널뛰기, 연날리기, 윷놀이, 기와밟기, 딱지치기가 있는데 특별히 아동기에 국한하지 않고 유아교육기관에서도 이러한 놀이를 즐긴다. 이 외에도 두껍아 두껍아, 꼬부랑 할머니, 참외밭에 삽살개가 유아들이 즐기는 놀이이다.

전통놀이는 계절과 절기에 관련된 놀이가 많은데 정월에는 널뛰기, 팽이치기, 윷놀이, 제기차기를 즐기며 정월대보름에는 달맞이, 쥐불놀이, 줄다리기를 즐긴다. 오월단오에는 그네뛰기, 격구, 씨름을 즐기고 추석에는 줄다리기, 기마싸움, 청어엮자놀이, 강강술래놀이를 즐겨 왔다.

특히, 전통놀이는 자연물을 활용한 놀이가 많다. 눈싸움, 풀싸움은 자연물을 원형 그대로 사용하는 놀이다. 자연물에 약간의 가공을 하여 비석치기, 공기놀이, 땅따먹기를 즐기고 자연물을 사용하되 성인이 제작하여 하는 놀이에는 널뛰기, 연날리기, 썰매타기, 팽이치기, 대말타기 등이 있다. 놀잇감이 없이 신체만을 활용하여 하는 놀이는 꼬리잡기, 술래잡기, 여우야 여우야 등을 들 수 있다.

2) 전통놀이의 교육적 가치

전통놀이는 영유아의 정서를 풍요롭게 하여 자아 존중감을 발달시키며 신체적 건강과 운동 능력을 증진시킨다. 자연친화적인 놀이가 대부분으로 자연을 즐기며 여유로운 심성이 발달한다. 더불어 전통놀이는 민족의 문화를 바탕으로 한 놀이로써 민족 정체성 확립에 도움이 되고, 오랫동안 분단되어 이질화된 민족의 동질성 회복에 적절한 놀이이므로 통일을 위한 교육과정에 유용하게 사용할 수 있다.

(1) 전통놀이와 신체발달

영아기에 많이 하는 곤지곤지 잼잼 등과 같은 놀이는 소근육 발달에 도움이 되며 공기놀이, 땅따먹기 등은 눈과 손의 협응력이 발달하는데 도움이 된다. 제기차기, 널뛰기, 그네타기 등은 몸의 균형감각 발달에 도움이 되고 여우야 여우야, 우리 집에 왜 왔니, 얼음 땡 같은 놀이는 대근육의 발달에 기여한다. 무엇보다 전통놀이는 실외놀이로 행해지는 경우가 많기 때문에 몸의 건강 유지에 도움이 된다.

(2) 전통놀이와 인지발달

전통놀이는 영유아의 수, 과학 개념 형성을 도움으로써 인지발달에 기여한다. 예를 들어, '무궁화 꽃이 피었습니다'는 유아들이 놀이를 하면서 거리와 속도와의 관계 및 작용 반작용의 법칙, 관성의 법칙을 경험할 수 있도록 한다. '봉숭아 물들이기'는 식물의 특성과 삼투압 현상, 물질의 변화과정에 관심을 갖도록 하고 고무줄놀이는 탄성에 대해 이해하도록 돕는다. 연날리기를 하면서 유아들은 바람의 세기와 방향에 대해 인식하게 되고 널뛰기를 하면서 무게와 무게중심, 중력, 편리한 도구 등에 대한 개념을 자연스럽게 몸으로 경험한다.

(3) 전통놀이와 사회 및 정서발달

전통놀이는 여럿이 함께 하는 놀이가 많아 또래와 함께 놀이하는 즐거움을 맛보게 한다. 비석치기, 투호놀이, 윷놀이 등을 하면서 규칙을 지켜 놀이해야 더욱 즐겁게 놀이할 수 있다는 점과 협력의 의미를 알게 된다. 돌멩이, 흙, 풀, 나무 등이 놀이의 주재료가 되는 전통놀이는 자연친화적인 성격을 가지고 있어 여유 있는 심성의 발달에 도움이 된다.

3) 전통놀이와 놀잇감

전통놀이는 주로 자연물을 활용하는 놀이로써 놀이를 할 때 사용되는 놀잇감과 놀이의 예를 들어 보면 다음의 〈표 20〉과 같다.

표 20 **전통놀이의 놀이자료**

<table>
<tr><th>놀잇감</th><th>놀이명</th></tr>
<tr><td>돌멩이</td><td>비석치기, 사방치기, 땅따먹기</td></tr>
<tr><td>흙</td><td>두껍아 두껍아</td></tr>
<tr><td>식물</td><td>봉숭아 물들이기, 풀싸움</td></tr>
<tr><td colspan="2">고누, 칠교놀이 도구, 실뜨기를 위한 실, 산가지 놀이를 위한 나무막대, 연, 제기, 굴렁쇠, 윷놀이 도구, 투호놀이 도구, 사방치기판</td></tr>
</table>

2. 영유아를 위한 전통놀이 실제

1) 영아를 위한 전통놀이 실제

곤지곤지 잼잼

목표	· 소근육 능력을 기른다. · 손놀이를 즐긴다.
자료	· 없음
놀이방법	① 손으로 여러 가지 소리를 내어 영아의 관심을 유도한다. – 짝짝짝, 선생님 앞에서 짝짝짝. ② 손으로 시범을 보이며 영아가 따라하도록 돕는다. – 잼잼잼잼, 곤지곤지, 곤지곤지 잼잼 ③ 잼잼콩콩 노래에 따라 곤지곤지 잼잼을 해 본다. ♪잼잼콩콩 잼잼콩콩 곤지곤지 콩콩 잼 콩 곤지 콩 잼잼 콩 두 손을 앞으로 손뼉을 짝짝 두 팔을 벌려 다시 또 한번 잼잼콩콩 곤지곤지 콩콩 잼 콩 곤지 콩 잼잼 콩 ④ 영아를 안아 주며 활동을 격려한다. – ○○이가 잼잼콩콩을 열심히 했네.
확장활동 및 유의점	– 영아와 눈맞춤을 하며 놀이한다.

우리 집에 왜 왔니

목표	· 전래 놀잇말에 관심을 갖는다. · 또래와 함께 하는 놀이를 즐긴다.
자료	· 없음
놀이방법	① 영아들을 두 편으로 나눈 후 같은 편끼리 손을 잡고 거리를 두고 마주선다. ② 먼저 시작할 편을 정한다. ③ '우리 집에 왜 왔니? 왜 왔니? 왜 왔니?'노래를 하면서 상대편 쪽으로 걸어가면 상대편을 뒷걸음을 하며 물러난다. ④ '꽃 찾으러 왔단다, 왔단다, 왔단다.'라고 상대편에서 노래를 부르며 다른 편의 영아 이름을 부르면 이름을 불린 영아와 이름을 부른 영아가 나와서 가위, 바위, 보를 한다. ⑤ 가위, 바위, 보를 해서 진 영아는 이긴편으로 가서 놀이를 다시 시작한다.
확장활동 및 유의점	– 뒷걸음질할 때 넘어지지 않도록 유의한다. – 이름을 부르는 기회를 돌아가면서 하도록 순서를 정한다.

강강술래

목표	• 또래에 관심을 갖는다. • 전통놀이에 관심을 갖는다. • 함께 하는 놀이를 즐긴다.
자료	• 매트, 강강술래 그림 자료
놀이방법	① 강강술래 그림을 보며 자유롭게 탐색하도록 한다. ② 강강술래 그림을 보며 이야기를 나눈다. – 그림에 사람들이 많이 있네. – 사람들이 줄을 잡고 있구나. – 한복을 입고 동그랗게 서 있네. ③ 강강술래 노래를 들으며 손을 잡고 움직여 본다. – 강강술래 노래 들어 봤나요? – 옛날에는 추석에 강강술래 놀이를 하며 함께 손을 잡고 빙글빙글 돌았대요. ④ 또래와 함께 손을 잡고 강강술래를 한다. – ○○가 △△랑 같이 하고 싶은가 봐. 손잡고 같이 해 볼까? – 이번에는 노래 부르면서 해 보자. 강강술래~강강술래~♬
확장활동 및 유의점	– 영아들이 서로 부딪쳐 넘어지지 않도록 넓은 공간에서 놀이하도록 한다.

무궁화꽃이 피었습니다

목표	• 전통놀이를 즐긴다. • 지시에 따라 몸을 조절한다.
자료	• 없음
놀이방법	① 실외놀이를 나갈 것임을 알리고, 실외놀이 준비를 할 수 있도록 돕는다. – ○○아! 선생님하고 같이 밖에 나가 볼까? – ○○의 신발을 찾았네! ② 놀이터에 '무궁화꽃이 피었습니다.' 놀이에 대해 이야기 나누어 본다. – ○○야 무궁화꽃이 피었습니다 놀이 알아요? – △△는 언니 오빠 들이랑 같이 해 보기도 했구나. – 술래가~'무궁화꽃이 피었습니다.'하고 뒤돌아서면 움직이지 않고 멈춰야 되요. – 뒤 돌아봤을 때 움직이면 다시 술래가 되는 거래요~ ③ '무궁화꽃이 피었습니다' 놀이를 한다. – 선생님이 먼저 해 볼께요 '무궁화꽃이 피었습니다.' – 어디 볼까~ 누가 움직이나요?
확장활동 및 유의점	– 간단한 규칙을 지켜 놀이하도록 돕는다.

고무줄 제기

목표	· 신체의 조절력을 기른다. · 전통놀이 도구를 이용한 신체 활동을 즐긴다.
자료	· 고무줄을 연결한 제기
놀이방법	① 제기를 고무줄에 달아 제공한 후 영아가 탐색하는 과정을 관찰한다. ② 고무줄 제기에 관심을 보이면 함께 탐색하며 상호작용을 나눈다. - 긴 고무줄에 연결되어 있는 게 무엇일까? - ○○는 제기를 본 적이 있구나. - 제기차기를 어떻게 했어요? - 발을 위로 올려서 제기를 찼구나. ③ 교사의 도움을 받아 고무줄 제기를 차 볼 수 있도록 격려한다. - 고무줄에 달려 있는 제기를 차보도록 하자. - 손으로 줄을 잡고 한 번, 두 번, 세 번! ④ 영아 스스로 고무줄 제기 차기를 해 볼 수 있도록 격려한다. - ○○는 손으로 줄을 잡고 발로 제기를 잘 차네. - △△는 두 번이나 제기를 찼구나.
확장활동 및 유의점	- 줄의 길이를 영아의 키에 맞게 조절하여 제공한다.

2) 유아를 위한 전통놀이 실제

두껍아 두껍아

목표	· 신체의 조절력을 기른다. · 전통놀이를 즐긴다.
자료	· 흙
놀이방법	① 손을 바닥에 대고 흙을 덮는다. ② 노래를 부르며 흙을 토닥여 언덕을 만든다. ♪두껍아 두껍아 헌집 줄게 새 집 다오. 두껍아 두껍아 헌집 줄게 새집 다오. ③ 언덕이 쌓이면 무너지지 않도록 조심스럽게 손을 뺀다. ④ 여러 명의 유아가 함께 하며 굴이 있는 구조가 있는 건축물을 만들 수 있다.
확장활동 및 유의점	– 크고 작은 돌멩이를 체로 걸러내어 두꺼비집을 지울 때 쉽게 무너지지 않도록 고운 모래를 준비한다. – 활동하기 전에 미리 모래에 물을 뿌려 두꺼비 집을 만들어 쉽게 무너지지 않도록 한다. – 두꺼비집을 만들고 쌓은 후 물을 뿌려 여러 가지 성 모양을 만들 수 있다. – 모래를 평평하게 만든 후 다양한 놀이 도구의 모양을 찍어 볼 수 있다.

투호놀이

목표	· 눈과 손의 협응력을 기른다. · 전통놀이를 즐긴다.
자료	· 투호놀이 도구(항아리, 화살)
놀이방법	① 유아들이 놀잇감을 탐색하도록 돕는다. ② 투호놀이를 소개한다. – 화살을 던져 통에 넣는 놀이로 투호놀이라고 한단다. ③ 화살을 던질 위치를 정하고 화살을 던져 통에 넣는다. ④ 몇 개의 화살을 넣는지 세어 본다. ⑤ 유아의 활동을 격려한다. 다른 친구들과 시합을 하며 놀이하도록 도울 수 있다.
확장활동 및 유의점	– 유아가 던지는 방향으로 다른 유아가 가지 않도록 유의한다. 유아의 수준을 고려하여 거리를 적절히 조절한다. – 투호 이외에 다양한 전통놀이와 관련한 놀잇감을 준비하여 활동해 본다.

칠교놀이

목표	· 모양을 인식하여 구성을 할 수 있다. · 전통놀이를 즐긴다.
자료	· 칠교놀이판
놀이방법	① 놀잇감을 탐색한다. – 7가지 조각으로 여러 가지 모양을 만들 수 있단다. 그래서 칠교놀이라고 한다. ② 유아들이 자유롭게 모양을 구성해 보도록 돕는다. ③ 그림을 제시하고 유아들이 7가지 조각을 이용하여 그림과 유사한 모양을 만들어 보도록 돕는다. ④ 유아들의 활동을 격려한다. 유아가 원한다면 다양한 모양을 반복하여 만들어 볼 수 있다.
확장활동 및 유의점	– 유아들의 흥미와 수준을 고려하여 쉽게 만들 수 있는 그림판을 먼저 제시하고 점차 난이도를 높일 수 있도록 한다.

비석치기

목표	· 전통놀이인 비석치기에 관심을 갖는다. · 몸의 각 부분의 특성을 활용하여 비석치기를 한다.
자료	· 비석, 출발선
놀이방법	① 비석치기의 유래에 대하여 이야기 나눈다. – 비석치기란 말을 들어 본 적이 있니? – 비석치기 놀이란 어떤 놀이일까? ② 비석치기 놀이 방법을 알아본다. ③ 다양한 방법으로 비석치기를 한다. – 선 채로 그냥 던져 쓰러뜨린다. – 한 발 뛰어 던지기, 두 발 뛰어 던지기, 세 발 뛰어 던지기로 쓰러뜨린다. ④ 활동 후 느낌을 이야기 나눈다. – 비석치기를 해 보니 어땠니? – 어떤 방법으로 비석치기를 하는 것이 가장 재미있었니?
확장활동 및 유의점	– 다양한 방법으로 비석치기를 할 수 있도록 돕는다. – 유아들의 안전을 위해 돌멩이 비석 대신 나무토막 비석을 사용할 수 있다.

윷놀이

<table>
<tr><td>목표</td><td>・ 윷놀이를 즐긴다.
・ 규칙을 지켜 놀이할 수 있다.</td></tr>
<tr><td>자료</td><td>・ 윷가락, 말, 윷판, 푹신한 매트 또는 천</td></tr>
<tr><td>놀이방법</td><td>① 명절에 하는 다양한 놀이에 대해 이야기 나눈다.
– 우리나라에는 어떤 특별한 날(명절)이 있는지 알고 있니?
– 명절에 하는 놀이에는 어떤 것이 있을까?
② 놀이자료를 보면서 자유롭게 이야기를 나눈다.
– 이것을 본 적이 있이?
– 이 놀이의 이름이 뭘까?
③ 놀이 방법을 알아본다. 놀이 방법은 다음을 참고한다.
– 윷은 가락이 모두 4개예요.
– 4개를 모두 위로 던져서 하나가 엎어지면 "도", 2개가 엎어지면 "개", 3개가 엎어지면 "걸", 4개가 엎어지면 "윷"이 되고 4개가 모두 안 엎어지면 "모"라고 이야기한다.
– 윷을 던져서 "걸"이 나오면 말을 하나, 둘, 셋 세 칸으로 보낸다고 말한다.
④ 게임이 원활하게 진행될 수 있도록 교사가 옆에서 돕는다.
⑤ 게임이 끝난 후 느낌이 어땠는지 이야기를 나눈다.
– 게임이 재미있었니?
– 어떤 점이 재미있었어?
– 어떤 점이 어려웠니?</td></tr>
<tr><td>확장활동
및
유의점</td><td>– 활동 전에 유아들이 미리 윷가락을 꾸미는 시간을 가져 윷에 익숙해진 후 놀이할 수 있다.
– 놀이의 규칙을 유아들의 의견에 따라 바꾸어 놀이할 수 있다.</td></tr>
<tr><td colspan="2">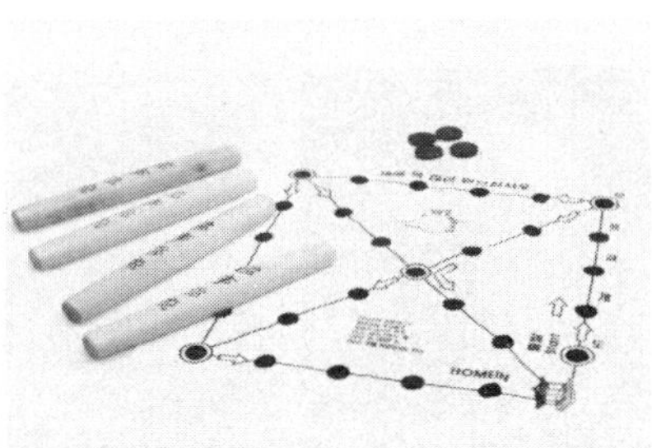</td></tr>
</table>

엉덩이씨름

목표	• 씨름을 즐긴다. • 실내에서 안전하게 놀이하는 태도를 기른다.
자료	• 씨름 경기에 필요한 소품(씨름샅바, 매트), 신호악기
놀이방법	① 씨름의 특징에 대해 이야기 나눈다. – 씨름이라는 운동에 대해 들어 본 적이 있니? – 씨름은 언제부터 전해 내려오는 운동일까? ② 활동 자료를 소개한다. – 친구들과 함께 씨름을 해 보는 것은 어떨까? – 활동을 하기 위해 어떤 것들이 필요할까? ③ 활동 방법을 알아본다. – 씨름 활동은 어떻게 하는 것일까? ④ 활동을 하며 지켜야 할 약속을 정한다. – 우리가 즐겁게 활동을 하기 위해 지켜야 할 약속에는 무엇이 있을까? ⑤ '씨름' 활동을 한다. – 친구들과 '씨름' 활동을 시작해 볼까? – 언제 활동을 시작/ 마무리하면 좋을까? ⑥ '씨름' 활동을 한 후 평가한다. – '씨름' 활동을 해 보니 어땠니? – 친구와 함께 씨름을 해 보니 어떤 기분이 들었니? – 씨름의 특징 중 기억에 남는 점이 있니?
확장활동 및 유의점	– 미술영역에서 씨름을 해 본 경험을 다양한 그리기 도구로 표현해 볼 수 있다. – 쌓기영역에서 다양한 종류의 블록을 이용해 '씨름 경기장 구성하기' 활동을 진행해 볼 수 있다.

Chapter 13

생태놀이와 영유아 교육

1. 생태놀이의 의미와 교육
2. 영유아를 위한 생태놀이 실제

생태놀이는 자연물을 활용한 놀이로 자연스럽게 형성되는 또래집단과 공동 생활공간을 상실한 채 어른들이 만들어 놓은 인위적인 환경에서 불필요한 간섭과 통제를 받으며 적응해 갈 수밖에 없는 현재의 영유아들에게 도시의 인공 구조물과 인위적인 환경 대신에 자연의 생명을 접할 기회를 가질 수 있도록 한다는 점에서 의미가 있다(한재식, 2006).

1. 생태놀이의 의미와 교육

1) 생태놀이의 의미

인간은 자연에서 나서 자연과 상호작용하며 살아가는 존재로 자연과는 불가분의 관계에 있다. 영유아는 자연의 모든 생명체 중 하나이며, 이 하나의 생명이 자연의 본성이며 아이의 본성이고 모든 생명체의 본성이다. 그래서 인간이라는 생명체는 소우주이고 자연은 대우주이다. 아이를 비롯한 우주의 뭇 생명체들은 자연의 순리, 즉 생명의 원리에 따라 존재한다. 또한 생명은 모든 다른 생명과 연결되어 있는 연계성, 순환성, 자연성, 개별성을 지니고 있으며 따라서 모든 생명은 본질적으로 우열이 없으며 평등하다(황윤숙, 2012).

영유아들은 '바깥', 즉 '자연'을 원한다. 유아들은 바깥 놀이터의 흙, 바람, 돌, 풀, 꽃, 동물들과 친해지기를 원한다. 나들이를 하면서 크는 유아들은 자신이 가지고 있던 지식, 개념, 경험을 자유롭게 펼칠 수 있다. 바깥놀이를 통해 지적인 호기심과 상상력을 키우고 계절의 변화와 친구들과 더불어 살아가는 능력을 갖게 된다. 자연을 통해 생명의 소중함을 깨닫고 자연에 대한 애착과 생명에 대한 감수성을 기를 수 있다. 자연의 생태적 모습을 통해 보살핌과 배려를 근간으로 하는 공존적 삶의 가치를 인식할 수 있게 되고 생태계의 각 개체들이 다양한 삶의 방식을 통한 생명체로서 가치가 있다는 점을 깨닫게 되어 상호 의존적이고 순환적인 삶을 영위하는 조화로운 관계를 유지할 필요성을 느끼게 된다. 이러한 관계망의 인식을 통해 형성된 사회적 기술은 인간 상호간의 친사회적 행동으로 확장되어 내면화된다(양옥승, 2001).

자연의 본성을 지닌 아이들을 자연의 순리에 따라 스스로 잘 자라도록 돌보고 기르는 일은 현대사회에서 더욱 중요한 일이다. 급속한 산업화와 도시화에 따른 인위적이고 인공적으로 조성된 환경이 영유아들이 스스로 놀이를 찾아 놀이할 수 있는 기회를 빼앗고, 전인적인 성장 · 발달보다는 인지적인 성장만을 강요하기 때문이다. 자연과의 교감을 통해 인간과 자연의 공생, 상생의 지혜가 필요한 이 시점에 생태놀이는 발달적, 교육적으로 의미가 있다. 이러한 점에서 어른들은 영유아들에게 자연에서 자연물을 맘껏 다루며 놀이하는 생태놀이의 기회를 제공할 필요가 있을 것이다.

2) 생태놀이의 교육적 가치

생태놀이는 영유아교육기관에서 바깥놀이, 산책, 텃밭 가꾸기, 노인과 아동의 상호작용, 세시풍속 경험하기, 동물 기르기, 명상, 절제와 절약, 식생활, 도시와 농촌의 교류, 손끝놀이, 몸짓놀이, 생태미술 등의 내용으로 실현되고 있다. 이러한 생태놀이의 가치를 몇 가지 측면에서 살펴보면 다음과 같다.

(1) 생태놀이와 인지발달

생태놀이는 영유아들의 사고력을 발달시킨다. 바깥놀이와 산책을 통해 영유아들은 계절과 관련한 과학적 개념을 몸으로 경험하며, 텃밭 가꾸기를 통해 식물의 성장에 대해 알 수 있다. 무엇보다 암기식 개념 학습이 아니라 유아들이 스스로 개념을 탐구해 가며 다양한 방법으로 문제를 해결하는 능력을 기를 수 있다는 데 생태놀이의 교육적 가치가 있다. 예를 들어, 텃밭 가꾸기를 통해 무 씨를 뿌리고 가꾸고 수확하고 수확한 무를 어떻게 할 것인지를 결정하는 것은 유아의 몫이다. 식물도감을 통해 식물의 한살이를 학습할 수도 있지만 머리에 저장된 지식은 오래 기억되지 않는다. 몸으로 체험한 지식은 오랫동안 남아 유아가 성장하면서 겪는 여러 가지 상황에 대한 문제를 해결하는데 도움을 준다. 변화하지 않는 것 같으면서도 변화무쌍한 자연과의 상호작용은 유아들이 세상을 해석할 때 융통성과 유연성을 갖도록 돕는다는 측면에서 창의성의 발달과도 관련이 있다.

(2) 생태놀이와 사회 및 정서발달

자연의 한 부분으로써 영유아들은 자신을 인식하고 자연에 대처해 나간다. 자연물을 직접 보고, 만지고, 듣고, 느끼고, 냄새를 맡을 수 있는 체험적 활동인 산책은 영유아들로 하여금 자신의 감각적 능력을 일깨우도록 도와 긍정적인 자기 인식을 할 수 있도록 도우며, 긍정적 자기인식은 타인에 대한 긍정적 인식으로 확대된다.

텃밭 활동을 통해 경험한 노동의 기쁨, 돌봄과 책임감에 대한 인식은 긍정적 정서발달에 도움이 된다. 자연의 구성원으로써 동·식물, 돌멩이 등 다른 자연의 구성물들에 대한 인식은 타인에 대한 인식으로 확대되어 타인에 대한 공감 능력을 확장시킨다. 공동체적 삶을 지향하는 생태놀이는 더불어 살아가는 능력인 대인관계 능력을 향상시킨다.

3) 생태놀이를 위한 자연물

생태놀이를 위해서는 특별히 고안된 자료가 필요하지 않지만, 영유아교육기관에서 생태놀이를 계획한다면 놀이에 따라 다음과 같은 소재의 자연물들을 생각해 볼 수 있다.

표 21 자연물과 생태놀이

자연물	놀이 예
식물	풀피리, 토끼풀 팔찌, 나뭇잎 찍기, 낙엽 왕관, 자치기, 나무껍질 그림
곤충과 벌레	벌레 잡기, 메뚜기 잡기, 귀뚜라미 그리기, 잠자리채로 잡기
돌멩이	돌멩이에 그리기, 물수제비 뜨기, 돌멩이 악기, 돌탑쌓기
흙	모래성 쌓기, 흙 속에 숨은 글자 찾기, 흙 그림, 흙 덜어내기, 찰흙놀이
얼음	얼음 얼리기, 얼음 얹고 오래 버티기, 고드름 따기

2. 영유아를 위한 생태놀이 실제

1) 영아를 위한 생태놀이 실제

식물 관찰하기

목표	· 자연물에 관심을 갖는다. · 관찰력을 기른다.
자료	· 식물의 잎, 그리기 도구(종이, 물감, 사인펜 등)
놀이방법	① 실외로 나가 여러 가지 식물을 관찰한다. – 오늘은 밖으로 나가서 여러 가지 풀을 관찰하자. – 이 풀들은 서로 다르게 생겼네. 어떻게 다른 것 같니? ② 떨어져 있는 식물의 잎을 수집한다. – 식물의 잎을 주워 보자. 우리가 주운 식물의 잎으로 작품을 만들거야. ③ 식물의 잎에 물감을 묻혀 종이에 찍어 내고 크레파스 등을 이용해 꾸미는 활동으로 확장할 수 있다. ④ 영아의 활동을 격려한다. – ○○이가 가져온 풀로 멋진 작품을 만들었네.
확장활동 및 유의점	– 직접 식물을 길러보는 경험으로 활동을 확장할 수 있다.

낙엽으로 놀기

<table>
<tr><td>목표</td><td>· 자연물에 관심을 갖는다.
· 대근육 능력을 기른다.
· 분류 능력을 기른다.</td></tr>
<tr><td>자료</td><td>· 낙엽</td></tr>
<tr><td>놀이방법</td><td>① 영아들과 낙엽을 탐색한다.
– 가을이 되어 나뭇잎들이 바닥에 떨어졌어요.
– 낙엽이 되었네.
– 낙엽으로 어떤 놀이를 할까?
② 낙엽을 흩뿌리며 놀이한다.
– 낙엽이 비처럼 ○○이 머리 위로 떨어지네.
③ 낙엽을 같은 색끼리 모은다.
④ 수집한 낙엽을 종이에 붙여 꾸미는 미술활동으로 확장할 수 있다.</td></tr>
<tr><td>확장활동
및
유의점</td><td>– 낙엽이 부숴 질 수 있으므로 너무 바짝 마른 낙엽은 가급적 피한다.</td></tr>
<tr><td colspan="2"> </td></tr>
</table>

잠자리 잡기

목표	· 자연물에 대해 관심을 가진다. · 몸의 조절력을 기른다.
자료	· 잠자리채, 잠자리 과학동화
놀이방법	① 영아들과 잠자리에 관한 동화책을 함께 읽는다. – 잠자리는 어떻게 생겼을까? – 만나러 나가 볼까요? – 가까이서 보려면 잠자리채가 있어야 한대요. 가지고 가 볼까요? ② 잠자리채를 가지고 산책을 간다. – 저기 잠자리가 있네요. 잠자리를 따라가 보자. ③ 잠자리를 잡아 관찰하고 이야기 나누어 본다. ④ 관찰 후 날려 보내도록 한다.
확장활동 및 유의점	– 잠자리 채집에 목적이 있는 활동이 아니므로 놀이 자체를 즐기도록 돕는다.

모래 위에 모양 찍기

목표	・ 모래의 특성에 관심을 갖는다. ・ 자연물을 활용한 놀이를 즐긴다.
자료	・ 물, 모래, 여러 가지 찍기틀 등
놀이방법	① 모래놀이와 안전한 모래놀이 방법에 대해 이야기 나눈다. - △△야 선생님하고 같이 모래놀이를 하러 갈까? - 모래로 무엇을 할 수 있을까? - 모래가 눈에 들어 가거나 입에 들어 가면 아플 수 있어서 조심해야 해. ② 모래를 만지며 느낌을 탐색해 본다. - 모래를 만져 보자. 어떤 느낌이 드니? - 모래를 손바닥 위에 올리고 천천히 떨어뜨려 볼까? ③ 영이에게 찍기틀을 제시하고 모래에 찍으며 자유롭게 놀이하도록 돕는다 - 여러 가지 찍기틀이 있구나. 어떤 찍기틀을 모래에 찍어 볼까? - 다른 모양의 찍기틀도 찍어 보자. ④ 자유롭게 모래놀이를 해 볼 수 있도록 격려한다. - 모래에 물을 조금 부어 볼까? - 모래 색깔이 변했네! - 물에 적시지 않은 모래로 놀이할 때와 물에 적신 모래로 놀이할 때 어떤 점이 다르니?
확장활동 및 유의점	- 주제에 따라 모래로 구성물을 만들어 본다. - 모래는 청결하게 관리하고 놀이가 끝난 후에는 손을 깨끗이 씻도록 돕는다.

나무야! 사랑해!

목표	・ 자연물에 관심을 갖는다. ・ 자연물을 소중하게 생각한다.
자료	・ 실외활동용 영아모자, 물티슈, 영아가 마실 수 있는 물 등
놀이방법	① 산책을 나갈 것임을 이야기하고, 영아가 나갈 수 있도록 준비를 돕는다. – ○○아! 선생님과 산책 나가 볼까? ② 원 주변을 산책하면서 나무에 관심을 갖고, 탐색할 수 있도록 돕는다. – 와! 어제보다 나무에 초록잎들이 더 많이 자랐네! – 나무야! 안녕? 잘 잤니? ○○이도 나무하고도 인사해 볼까? ③ 영아가 나무에게 '사랑해'라고 이야기를 하고, 앉아 줄 수 있도록 격려한다. – ○○이가 '나무야~ 사랑해'하고 한번 안아 줘 볼까? – ○○이가 '사랑해'라고 이야기를 해 줘서, 무척 기분이 좋을꺼야. – △△이도 나무를 앉아 주고 있구나. 나무가 좋아하겠네.
확장활동 및 유의점	– 나무에 대한 관심을 확장시키기 위해, 나무에게 이름을 붙여 주도록 돕는다. – 관찰한 나무의 사진을 찍어 미술영역에 두고 영아들이 좋아하는 나무 사진을 골라 꾸며 보기를 할 수 있다.

2) 유아를 위한 생태놀이 실제

곤충 관찰하기

목표	· 관찰력을 기른다. · 곤충에 관심을 갖는다.
자료	· 매미
놀이방법	① 매미를 관찰한다. – 매미는 맴맴하는 소리를 내서 옛날에는 매암이라고 불렀단다. – 2~5년을 땅 속에서 자라다가 이렇게 어른 벌레가 되는데 어른 벌레로는 10일 정도밖에 살지 못한단다. ② 매미를 관찰한 느낌에 대해 이야기 나눈다. ③ 관찰한 느낌을 글이나 그림으로 표현해 보도록 돕는다. – 매미에게 편지를 쓴다면 뭐라고 쓰고 싶니? – 매미 종이접기를 해 볼까?
확장활동 및 유의점	– 유아들과 함께 바깥에서 직접 곤충을 채집하여 관찰해 볼 수 있다. – 과학영역에 곤충에 대한 자료를 비치하여 유아들의 관심이 확장되도록 돕는다. – 관찰한 곤충들의 생김새와 움직임을 몸으로 표현하는 신체활동으로 연계할 수 있다.

나무 목걸이

목표	· 자연물에 관심을 갖는다. · 소근육 능력을 기른다. · 창의적인 작품을 만들 수 있다.
자료	· 나무 조각, 본드, 털실, 그리기 도구
놀이방법	① 나무 조각을 탐색한다. ② 평평한 나무 조각 위에 그림을 그리거나, 본드로 다른 나무 조각을 붙여 팬던트를 만든다. ③ 나무 조각으로 만든 팬던트에 털실을 연결하여 목걸이를 만든다. 경우에 따라 줄에 구슬을 꿰어 만들 수도 있다. ④ 무엇을 만든 것인지, 어떻게 만든 것인지 다른 친구들에게 소개할 수 있다.
확장활동 및 유의점	– 창의적 표현을 격려하기 위해 다양한 크기와 모양의 나무 조각들을 준비한다.

무 수확하기

목표	· 식물의 성장에 관심을 갖는다. · 수확의 기쁨을 느낀다.
자료	· 텃밭
놀이방법	① 실외 텃밭에 나가 무를 수확하기를 제안한다. – 오늘은 우리가 씨를 뿌렸던 무를 캐어 볼 거야. 몇 개나 캐고 싶니? ② 무잎을 보며 무의 생김새를 관찰한다. – 무가 땅 위로 조금씩 올라오고 있었구나. – 무의 잎은 무엇과 닮은 것 같니? – 땅 속의 무는 어떤 모습일 것 같니? ③ 유아들과 함께 무를 캔다. ④ 무를 캔 느낌에 대해 이야기 나눈다.
확장활동 및 유의점	– 유아들이 직접 수확한 무로 무국이나 깍두기 같은 요리활동으로 확장할 수 있다.

자연물로 만드는 여름철 음식

목표	• 여름에 먹을 수 있는 음식에 대해 안다. • 자연물을 활용하여 다양한 방법으로 놀이할 수 있다.
자료	• 물통, 모래놀이 도구, 여름철 음식 사진, 물통, 물티슈, 사진기, 모자, 돗자리 등
놀이방법	① 여름철 음식에 대한 경험을 회상하며 이야기 나눈다. – 여름에 먹을 수 있는 음식에는 무엇이 있을까? ② '물과 모래로 만드는 여름철 음식' 활동 방법을 알아본다. – '물과 모래로 만드는 여름철 음식' 활동 방법을 알아보도록 할까? – 가장 먼저 무엇을 해야 할까? ③ 활동을 하며 지켜야 할 약속을 정한다. – 우리가 즐겁게 활동을 하기 위해 지켜야 할 약속에는 무엇이 있을까? ④ '물과 모래로 만드는 여름철 음식' 활동을 한다. – 친구들과 '물과 모래로 만드는 여름철 음식'을 시작해 볼까? ⑤ '물과 모래로 만드는 여름철 음식' 활동을 한 후 평가한다. – '물과 모래로 만드는 여름철 음식' 활동을 해 보니 어땠니? – 물과 모래를 이용해 활동을 해 보니 어떤 기분이 들었니?
확장활동 및 유의점	– 모래 위에 깨끗한 나뭇잎, 돌멩이들을 준비해 주어 유아들이 음식을 구성해 보도록 돕는다. – 소꿉놀이로 확장할 수 있도록 돕는다.

풀싸움

목표	· 자연물에 관심을 갖는다. · 자연물을 활용한 놀이에 관심을 갖는다.
자료	· 유아들이 사전 활동을 하며 수집한 자연물, 다양한 종류의 잎(솔잎, 풀잎 등), 카메라, 구급함, 물통, 물티슈 등
놀이방법	① 원의 자연 풍경에 대해서 이야기 나눈다. – 우리 원 주변의 풍경을 떠올려 볼 수 있겠니? ② 자연물의 다양한 활용법을 알아본다. – (풀을 탐색하며) 이것으로 우리가 무엇을 할 수 있을까? ③ '풀싸움' 활동 방법을 알아보고 직접 놀이해 본다. – '풀싸움' 활동 방법을 알아보도록 할까? – 지금부터 '풀싸움' 활동을 해 보도록 할까? ④ '풀싸움' 활동을 한 후 평가한다. – '풀싸움' 활동을 해 보니 어땠니? – 어떤 풀이 가장 셌니?
확장활동 및 유의점	– 유아들이 직접 수집한 풀을 활용하여 놀이한다. – 여러 가지 풀을 활용하여 다양한 활동으로 확장할 수 있다. 예를 들어, 과학영역에서는 풀잎 물들이기를 할 수 있으며, 미술영역에서는 풀잎으로 풀잎 그림, 풀잎 목걸이 등의 작품을 만들어 볼 수 있다.

참고문헌

강명화, 박인전(2013). 집단게임놀이가 유아의 자기조절력과 유치원 적응행동에 미치는 효과. 한국놀이치료학회지, 16(3), 1229-0858.

고여훈(2009). 유아들의 거친 신체놀이의 양상과 영향을 주는 요인 및 의미 분석. 이화여자대학교 석사학위논문.

곽금주(2006). 아동심리 평가와 검사. 서울: 학지사.

권혜진(2012). 교사의 놀이성과 놀이교수 효능감의 관계: 긍정적 놀이신념의 매개역할. 아동학회지, 33(6), 133-147.

김미애(2004). 놀이지도. 서울: 동문사.

김보람(2014). 음악교육적 측면에서 바라본 유아기 음악놀이 활동의 이해에 관한 연구. 국민대학교 교육대학원 석사학위논문.

김승하(2010). 동화를 활용한 연극놀이가 유아의 창의성에 미치는 영향. 숭실대학교 대학원 석사학위논문.

김영미(2007). 한국 아동 전통놀이의 재조명을 통한 현대놀이의 비판적 고찰. 아주대학교 교육대학원 석사학위논문.

김영아(2007). 유아의 거친 신체놀이와 사회적 능력 간의 관계. 연세대학교 교육대학원 석사학위논문.

김영희(2005). 아동의 놀이성군 확인과 관련변인 탐색 연구. 숙명여자대학교 대학원 박사학위논문.
김영희, 고태순(2006). 영아 발달놀이 프로그램. 서울: 학지사.
김은선(2001). 예지유치원 유아들의 수 · 조작놀이에 관한 문화기술적 연구. 이화여자대학교 석사학위논문.
김종훈(1995). 어린이 언어발달과 말하기 지도. 서울: 집문당.
김지윤(2015). 비구조적 놀잇감을 활용한 구성놀이가 유아의 놀이성과 창의성에 미치는 영향. 경인교육대학교 교육대학전문대학원 석사학위논문.
김지은, 김진숙(1999). 아동행동관찰. 파주: 양서원.
김현실(2013). 팝업북과 블록을 사용한 구성놀이가 유아의 문제해결력 및 창의성에 미치는 영향. 성신여자대학교 대학원 석사학위논문.
김현진(2013). 구성주의적 접근에 의한 전통놀이 활동이 유아의 창의성 및 정서지능에 미치는 영향. 전남대학교 대학원 석사학위논문.
김혜경 편저(2002). 유아음악교육 2000. 서울: 창지사.
문화원형백과.http://terms.naver.com/entry.nhn?docId=1770285&cid=49397&categoryId=49397. 2015년 12월 8일 인출.
박영신 역(2011). 처음 읽는 진화 심리학. 서울: 웅진 지식하우스.
박영애(2015). 흙 활용놀이 활동이 유아의 창의성에 미치는 영향. 숭실대학교 교육대학원 석사학위논문.
박은선(2002). 자유놀이가 정신지체유아의 신체발달 및 사회적 상호작용에 미치는 영향. 경성대학교 교육대학원 석사학위논문.
박찬옥, 정남미, 곽현주(2009). 놀이지도. 서울: 정민사.
박찬옥, 정남미, 임경애(2006). 유아놀이지도. 서울: 학문사.
박춘식(1991). 아동언어교육. 서울: 학문사.
박현경(2006). 갈등해결 교재 · 교구를 활용한 게임놀이 경험이 유아의 정서지능에 미치는 효과. 미래유아교육학회지, 13(4), 1-21.
박화윤, 최재숙, 마지순(2002). 사회극 놀이에서 상위 의사소통 출현의 맥락적 상황과 그 의미, 유아교육연구, 22(2), 217-245.
박효경(2015). 동시를 활용한 말놀이 활동이 유아의 어휘력과 언어표현력에 미치는 영향. 광주교육대학교 대학원 석사학위논문.
박효정(2010). 놀이이론의 교육적 함의- D. Elkind를 중심으로. 경북대학교 교육대학원 석사학위논문.

서석남 역(1995). 인간교육. 서울: 이서원.

서수민(2012). 역할놀이가 언어발달지체 유아의 어휘력 향상에 미치는 효과. 대구대학교 대학원 석사학위논문.

성현란, 이현진, 김혜리, 박영신, 박선미, 유연옥, 손영숙(2001). 인지발달. 서울: 학지사.

소명수(2013). 숲 유치원에서 자연물을 이용한 놀이활동이 유아의 창의성에 미치는 영향. 서울교육대학교 교육대학원 석사학위논문.

소영란(2015). 환상동화를 활용한 이야기꾸미기 활동이 유아의 언어창의성과 언어표현력에 미치는 영향. 원광대학교 대학원 석사학위논문.

송명자(2002). 발달심리학. 서울: 학지사.

송명희(2010). 그림책 읽기 후 말놀이 활동이 유아의 어휘력과 읽기태도에 미치는 영향. 중앙대학교 교육대학원 석사학위논문.

신옥순(2005). 유아교육학개론. 서울: 학지사.

신은수, 김명순, 신동주, 이종희, 최석란(2002). 놀이와 유아. 서울: 이화여자대학교 출판부.

신은수, 김은정, 안부금, 유영의 역(2001). 놀이와 유아교육. 서울: 학지사.

신혜은, 고태순, 장세희(2011). 영유아교수방법. 파주: 양서원.

오영희, 송영란, 강영식(2003). 유아교육개론. 서울: 21세기사.

유은주(2014). 그림책을 활용한 철학적 토론활동이 유아의 언어 창의성에 미치는 영향. 한국외국어대학교 교육대학원 석사학위논문.

윤애희, 김온기, 이혜경(2002). 사고과정을 중심으로 한 유아 수 · 과학교육. 서울: 창지사.

윤애희, 정정옥(2009). 유아교육기관에서의 영유아 놀이지도. 서울: 창지사.

이민경(2015). 신체접촉 놀이 활동이 유아의 마음이론발달과 정서실행능력에 미치는 효과. 중앙대학교 대학원 석사학위논문.

이성미(2006). 놀이미술을 적용한 새로운 미술교육 방안 연구. 숙명여자대학교 대학원 석사학위논문.

이숙재(2001). 유아를 위한 놀이의 이론과 실제(개정). 서울: 창지사.

이숙재(2005). 놀이지도의 이론과 실제. 서울: 창지사.

이영(1993). 창의적 동작교육. 경기: 교문사.

이영자, 신은수, 이종숙(2003). 가장 맥락과 비가장 맥락 놀이에 나타나는 유아의 언어발달과 마음이론과의 관계. 한국발달심리학회지, 16(1), 23-46.

이은하(2000). 여아 선호 놀잇감 제공이 쌓기놀이 참여도에 미치는 영향. 부산대학교 대학원 석사학위논문.

이은희(2013). 청소년의 실행기능이 정서지능과 인지적 정서조절전략에 미치는 영향. 숙명여자 대학교 대학원 석사학위논문.

이지향, 김희진(2003). 성차와 교사개입에 따른 만 2세 영아의 상상놀이 특성에 관한 연구. 언어청각장애연구, 8(1), 326-349.

이진희, 손원경, 안효진, 유연옥 역(2009). 놀이, 발달, 유아교육. 서울: 아카데미 프레스.

이현정(2013). 전통놀이의 공간 및 행태특성연구. 성균관대학교 대학원 석사학위논문.

임영서(1998). 유아미술활동. 경기: 정민사.

임의선(2008). 미술놀이를 적용한 아동의 창의성 신장 프로그램 연구. 동아대학교 대학원 석사학위논문.

임채영(2015). 실외전통놀이 경험이 유아의 놀이성과 창의성에 미치는 영향. 경남대학교 대학원 석사학위논문.

장현우(2005). Fröbel의 놀이이론 고찰. 한국교원대학교 교육대학원 석사학위논문.

전영아(2012). 흥미영역이 통합이 성별에 따른 유아의 놀이행동에 미치는 영향. 배재대학교 대학원 석사학위논문.

정금자 (1999). 유아 놀이지도의 이론과 실제. 경기: 교육과학사.

정옥분(2004). 영유아발달의 이해. 서울: 학지사.

정은희(2005). 쌓기놀이의 발달적, 교육적 의미 탐색. 중앙대학교 교육대학원 석사학위논문.

정현주(2005). 동시감상 후 저널쓰기 활동이 유아의 정서지능에 미치는 영향. 한국교원대학교 대학원 석사학위논문.

조민아(2015). 음악기반 감각통합 놀이프로그램이 유아의 창의성에 미치는 효과. 숭실대학교 대학원 석사학위논문.

지성애(1994). 유아놀이지도. 경기: 정민사.

지혜련 (1992). 아동 놀이 이론의 통합을 위한 개념적 접근. 생활과학논집 6, 연세대학교 생활과학연구소, 23-45.

최석란(1999). 놀면서 자라는 어린이(제2판). 서울: 다음세대.

최선미(2011). 실내모래놀이 활동이 유아의 창의성 및 정서지능에 미치는 영향. 전남대학교 교육대학원 석사학위논문.

최선혜(2005). 동화의 후속 이야기짓기 활동이 유아의 언어 표현력 및 언어 창의성에 미치는 영향. 한국교원대학교 대학원 석사학위논문.

최지은(2015). 만 5세 남녀 유아의 또래놀이집단 성(sex)구성에 따른 가장놀이와 사회적 능력과의 관계. 이화여자대학교 석사학위논문.

한국교육심리학회(2000). **교육심리학 용어사전**. 서울: 학지사.

한재식(2006). **유아들의 생태놀이를 통한 미술표현의 연구: 본인의 지도사례를 중심으로**. 홍익대학교 석사학위논문.

현온강, 조복희, 도현심, 박혜원, 박경자, 이귀옥, 이숙, 이옥, 조성연, 최보가(2001). 한국아동발달의 현황. **2001년도 한국아동학회 추계학술대회 자료집**, pp. 107-136.

홍순정, 최석란(201). **아동관찰 및 평가의 실제**. 경기: 교문사.

황윤숙(2012). **생태유아교육에 대한 보육교사의 인식과 프로그램 실시 현황에 대한 연구**. 우석대학교 대학원 석사학위논문.

황현정(2012). **주제중심 쌓기 놀이 활동이 영아의 사회-정서 및 인지발달에 미치는 영향**. 군산대학교 대학원 석사학위논문.

Barnett, L. A.(1990). Playfulness : definition, design, and measurement. *Play & Culture, 3*, 319-336.

Baron-Cohen, S.(2003). *The Essential Difference*. London: Penguin.

Bateson, G.(1956). The message 'this is play.' In B. Schaffner(Ed.), *Group processes: Transactions of the second conference*(pp. 145-242). New York: Josiah Macy, Jr. Foundation.

Ellis, M.(1973). *Why people play*. Englewood Cliffs, NJ: Prentice-Hall.

Erikson, E. H.(1972). Play and civilization. In J. S. Bruner, A. Jolly, & K. Sylva(Eds.), *Play: It's role in development and evolution*(pp. 690-703). NY: Basic Books.

Fagot, B. B.(1985). Stages in thinking about early sex role development, *Developmental Review, 5*, 83-98.

Fagot, B. I., & Leinbach, M. D.(1989). The young child's gender schema: Environmental input, internal organization. *Child Development, 60*, 663-672.

Flavell, J. H., Miller, P. H., & Miller, S. A.(1993). *Cognitive Development(3rd ed.)*, Prentice-Hall.

Freud, S.(1960). *A general introduction to psychoanalysis*. NY: Washington Square Press.

Frost, J. L., & Kissinger, J. B.(1979). *The young child and first grade*. Charles Scriber's Sons.

Frost, J., & Klein, B.(1979). *Children's play and playgrounds*. Boston: Allyn and Bacon.

Gallahue, D. L.(1982). *Developmental movement experiences for children*. NY: Jone

Wiley & Sons.

Go, E. A., & Kim, J. M.(2010). The effect of the playfulness and limit-setting of play therapist on the therapeutic alliance. *The Jounal of Play Therapy, 14*(1), 1-19.

Howes, C.(1980). Peer play scale as an index of complexity of peer interaction. *Developmental Psychology, 16*, 371-372.

Hutt, C.(1971). Exploration and play in children. In R. Herron & B. Sutton-Smith(Eds.). *Child's play*(pp. 231-251). NY: Wiley.

Johnson, J. E.(1976). Relations of divergent thinking and intelligence test scores with social and nonsocial make-believe of preschool children. *Child Development, 47*, 1200-1203.

Johnson, J. E., Christie, J. F. & Wardle, F.(2005). *Play, development, and early education.* Boston: Allyn Bacon.

Johnson, J. E., Christie, J. F., & Yawkey, T. D.(1987). *Pay and Early Childhood Development.* Glenview, IL: Scott, Foresman.

Landreth, G.(1993). Child-centered play therapy. *Elementary School Guidance and counseling, 28*, 17-29.

Lieberman, J. N.(1977). *Playfulness : Its relationship to imagination and creativity.* NY: Academic Press.

Lowenfeld, V., & Brittain, W. L.(1970). *Creative and mental growth(5th ed.).* NY: Macmillan.

Miller, A. S. & S. Kanazawa, S.(2007). *Why Beautiful People Have More Daughters.* London: Penguin.

Parten, M. B. (1932). Social participation among preschool children. *Journal of Abnormal and Social Psychology, 27*, 243-269.

Perner, J.(1991). *Understanding the representational mind.* Cambridge, MA: Harvard University Press.

Piaget, J.(1962). *Play, dreams and imitation in childhood.* NY: Norton.

Piaget, J., & Inhelder, B.(1962). *The Psychology of the Child.* NY: Basic Books.

Prescott, E.(1984). The Physical Setting in Day Care. In J. T. Greenman and R. W. Fuqua(Eds.), *Making Day Care Better: Training, Evolution and the Process of Change*(pp. 44-65). NY: Teachers College Press.

Rubin, K. H., Fein, G. G., & Vandenberg, B.(1983). Play. In P. H. Mussed (Ed.), *Handbook of child psychology: Vol. 4, Socialization, personality, and social development*(4th ed., pp. 693-774). NY: Wiley.

Russell, A., & Saebel, J.(1997). *Individual differences in parent child play styles: Their Nature and Possible Consequence* (ERIC Document Reproduction Service No. ED 406 010).

Shaftel, F. R., & Shaftel, G.(1982). *Role Playing in the curriculum.* Englewood Cliffs, N.J: Prentice-Hall.

Shin, E. S., Yu, Y. U., & Park, H. G.(2004). Developing and validating and instrument to assess the relationship between kindergarten teachers' efficacy beliefs on play and their beliefs on play management practice. *The Journal of Early Childhood Education, 24*(1), 46-69.

Smilansky, S.(1968). *The effect of sociodramatic play on disadvantaged preschool children.* NY: Wiley.

Spidell, R. A.(1985). *Preschool intervention children's play.* Unpublished doctorial dissertation, University of Illinois, Urbana-Champaign.

Winter, W. M.(1985). Toddler Play Behaviors and Equipment Choices in an Outdoor Play Environment. In J. L. Frost and S, Sunderline(Eds.), *When Children Play*(pp. 129-138). Wheaton, MD: ACEI.

저자소개

고태순

성균관대학교 아동학과 졸업(아동심리 및 교육전공, 박사)
현재, 신한대학교 유아교육과 조교수
e-mail address : kts@shinhan.ac.kr

이미경

신한대학교 생활문화대학원 아동가족학과 졸업(아동상담 및 심리치료 전공, 석사)
현재, 늘푸른 어린이집 원장, 서정대학교 여성청소년보육과 겸임교수, 신한대학교 평생교육원 강사
e-mail address : green3585@hanmail.net

김종석

성균관대학교 아동학과 졸업(아동문학 전공, 박사)
현재, 서정대학교 유아교육과 교수
e-mail address : dddjsk@hanmail.net

놀이와 영유아교육 -개정판-

초판발행 2015년 12월 28일
개정3쇄 2018년 8월 20일

저 자 고태순 · 이미경 · 김종석
발행인 김현태
발행처 태영출판사

2018. 8.

주 소 (08301) 서울 구로구 구로동 104-10 동남오피스텔 201호
전 화 02 · 839-3757, 839-3752
팩 스 02 · 837-3754
등 록 2005년 5월 30일 제12-421호
홈페이지 http://www.taeyeongbook.co.kr
E-mail tys2005@hanmail.net
ISBN 978-89-6302-204-8 93370
정 가 15,000원

NAVER 태영출판사